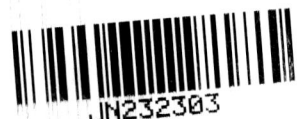

ベターホームの

電子レンジ料理

　電子レンジを、解凍や温め直しだけに使っていませんか？　コツをちょっと覚えると、おいしい料理もレンジのボタンひとつで作れます。

　本書では、電子レンジを活用して作る、おそうざいの数々をご紹介します。手早く作りたい、少量だけ作りたい、コンロや鍋を使いたくない…そんな方におすすめです。

＊料理を始める前に、まずP.6～〝電子レンジの使いこなし方〟をご覧ください。

電子レンジ料理

目次

料理研究／ベターホーム協会
石若　恵子
植松　葉子
桑田万佐子
撮影／大井　一範

電子レンジの使いこなし方・1

電子レンジ加熱のコツ

加熱しすぎない

あっという間に水分がとぶ

電子レンジにかけたら、料理がパサパサ、カチカチになった、ということはありませんか。電子レンジは、電波で食品中の水分を振動させ、その摩擦熱によって食品を熱くします。また、食品を短時間で一気に加熱するため、秒単位で状態が変わります。数秒多くても、水分がとびすぎてパサパサになってしまいます。

加熱のコツは、最初はひかえめの時間で加熱し、ようすを見ながら10〜30秒ずつたしていくことです。

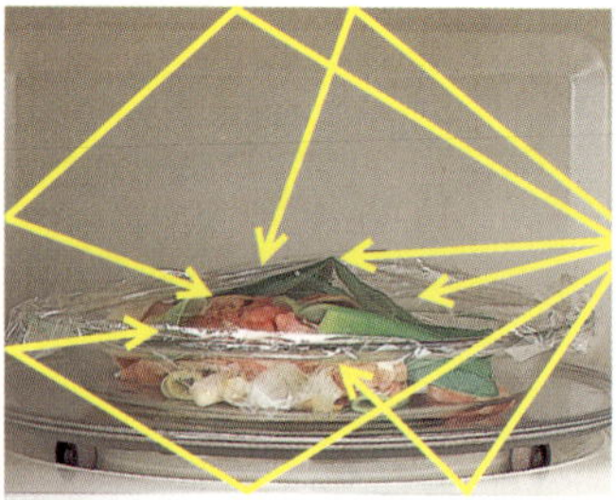

電波が食品全体に当たって、熱が通ります

かけすぎてしまうと、乾いてボロボロに

レンジによって加熱時間が違う

電子レンジは、出力W《ワット》数、製品の種類、使用年月など、それぞれのレンジによって加熱時間が変わってきます。また、材料の温度、容器の違いによっても、熱の伝わり方は変わってきます。本書などの表示の加熱時間は、あくまでもめやすとお考えください。食品のようすを見ながら、表示よりもひかえめの時間で加熱すると、失敗がありません。

材料は同じ大きさにし、重ねない

材料の大きさや厚みが違うと、電波の当たり方が不均等になるために、加熱ムラができます。ムラなく加熱するには、材料を同じ大きさに切ったり、形づくることがポイント。材料の重なりもムラの原因になるので、容器や皿に平らに並べ、厚みのあるものはできるだけ材料が重ならないようにします。

ラップやふたをする・しない

ふたをする場合

ラップやふたは、電子レンジ対応の耐熱性のあるものを使ってください。油脂や糖分の多い材料のときは、ラップの耐熱温度を超える場合があるので、ラップが直接ふれないようにふんわりかけます。

蒸す、煮る、ゆでるなど、蒸気を逃がさず、しっとりとさせたい料理には、ラップかレンジ用ふたをします。

落としぶたをするとき

さといもの含め煮やかぼちゃの煮ものなど、汁の味を含ませる料理は、ラップで落としぶたをし、煮汁が表面までまわるようにします。さらにラップかレンジ用ふたをします。

ラップの落としぶたの代わりに、レンジ用ペーパーをかぶせた上に皿を置いてもよいでしょう。

ラップで包む場合

野菜をゆでるときは、洗ったあとの水分をふかずに加熱します。水分が電波を吸収して発熱するからです。器に入れてラップかふたをする、または、ラップでぴったり包みます。葉ものはラップに包んだほうが、加熱ムラがありません。

ふたをしない場合

いためる、焼くなど、水分を蒸発させて、カラリとさせたい料理のときは、ラップやレンジ用ふたはしません。

こんな容器を使って

電子レンジには、電波を通す器を使います。①耐熱ガラス製容器や②オーブン用陶磁器が最適です。

レンジ用プラスチック容器やふつうの陶磁器も使えますが、油脂や糖分の多い材料を加熱する場合、あるいは長時間（めやすとして5分以上）加熱する場合は、高温になるので①②の容器が安心です。また、レンジ用のポリ袋・ペーパーもあると便利です。

漆器は塗りがはげたり、ひびが入ることがあります。	耐熱性のないガラス製品は割れることがあります。強化ガラスも使えません。	アルミ・ステンレス・ホーローなどの金属製品は、電波を通しません。

ひびもようの器は、割れることがあります。	色絵つけがある器は、色絵の部分をいためることがあります。	金・銀の線やもようが入っている器は、火花がとび、変色します。

Q&A

Q ソーセージを温めたら、バンッと破裂した

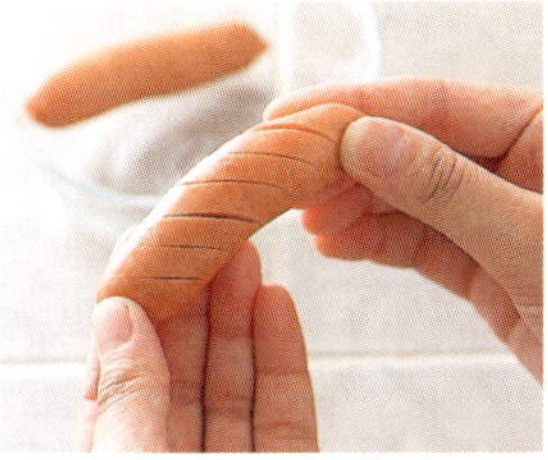

A 密閉状態のもの（卵、ソーセージ、たらこなど）をレンジで加熱すると、中身が膨張して破裂し、危険です。ソーセージやたらこは皮に切り目を入れます。卵は黄身に穴をあけても、破裂することがあります。加熱するなら、P.121のように水を加えて短時間で。

Q 食品の量を2倍にしたとき、加熱時間は？

1個 4分　　2個 6〜7分

A 量を2倍にしたからといって、加熱時間も2倍にすると、かけすぎになることがあります。ひかえめ（1.7〜1.8倍）の時間にして、ようすをみてください。

Q レンジ加熱したら、料理がはねて庫内が汚れた

A ふたをしないで加熱したとき、汁などがはねて庫内を汚すことがあります。ある程度は避けられません。汚れは熱効率を下げる原因。時間をおかずに、かたくしぼったぬれぶきんでふけば、かんたんに落ちます。

この本の見方

- 加熱時間は、500Wの電子レンジを使用した場合を表記しています。500Wを超えるレンジの場合は、ひかえめに加熱して、ようすをみてください。600Wなら、0.8倍の時間にするのがめやすです。
- 材料表は、調味料、香辛料以外の材料を**太文字**で表記しています。
- 調理時間は、つけおき時間などを除いた時間です。
- ［ラップして約3分］は、ラップかレンジ用ふたをして、約3分レンジ加熱するという意味です。
- ［ラップなし約3分］は、ラップもレンジ用ふたもせずに、約3分レンジ加熱するという意味です。
- ［約3分］は、本文の方法にしたがって、約3分レンジ加熱するという意味です。
- カップ1＝200cc　大さじ1＝15cc　小さじ1＝5cc

とりの酒蒸し 辛味ソース

とりの酒蒸しは、レンジの得意料理。応用のきく1品です

調理時間20分

1人分243kcal

材料（２人分）

とりもも肉…小１枚(200g)

- **ねぎ(青い部分)… １本分**
- **しょうが… １かけ(10g)**
- 酒 ……………大さじ１

ねぎ（白い部分）……10cm

サラダ菜 …………… ３枚

〈辛味ソース〉

赤とうがらし(小口切り) ……………………$\frac{1}{2}$本

ねぎ(みじん切り) …. ３cm

酒・しょうゆ‥各大さじ１

酢 ………………大さじ$\frac{1}{2}$

ごま油…………小さじ$\frac{1}{2}$

❶ねぎの青い部分は包丁の腹でつぶし、しょうがは皮つきのまま薄切りにします。

❷とり肉は余分な脂肪をとり除き、味をしみやすくするため、フォークでつついて皮に穴をあけます。

❸皿に①の半量を敷き、肉を皮を下にしてのせ、残りの①をのせます。酒をふり、約５分おきます（a）。

❹ [ラップして 約４分] 加熱し、ラップをしたまま５～10分おきます（b）。ソースの材料を合わせます。

❺肉は１cm厚さに切ります。ねぎの白い部分はせん切りにし、肉の上にのせます。ソースをかけます。

a

香味野菜ではさんで、くさみ消しに。加熱後、とり除きます。

b

ラップをとらずにおいて、余熱で熱を通します。

とり
もも肉

とりの酒蒸し おろしだれ

和風のおろしだれで、さっぱり味に

調理時間20分
1人分235kcal

材料（２人分）

とりもも肉…小１枚(200ｇ)

- **ねぎ(青い部分)…１本分**
- **しょうが…１かけ(10ｇ)**
- 酒……………大さじ１

万能ねぎ……………２本

〈おろしだれ〉

だいこんおろし……100ｇ

しょうゆ………大さじ１

酢…………………大さじ1/2

砂糖……………小さじ１

❶ねぎの青い部分は包丁の腹でつぶし、しょうがは皮つきのまま薄切りにします。

❷とり肉は余分な脂肪をとり除き、味をしみやすくするため、フォークでつついて皮に穴をあけます。

❸皿に①の半量を敷き、肉を皮を下にしてのせ、残りの①をのせます。酒をふり、約５分おきます（P.10ａ参照）。

❹ ［ラップして 約４分］ 加熱し、ラップをしたまま５～10分おきます。

❺おろしだれの材料を合わせます。万能ねぎは小口切りにします。肉を１㎝厚さのそぎ切りにし、おろしだれとねぎをのせます。

調理時間20分
1人分305kcal

とりの酒蒸し カレードレッシング

とり肉をレンジにかけている間に、ドレッシングが作れます

材料（２人分）

とりもも肉…小１枚(200g)
- **ねぎ(青い部分)…１本分**
- **しょうが…１かけ(10ｇ)**
- 酒……………大さじ１

ミニトマト…………５個

〈カレードレッシング〉
- カレー粉………小さじ½
- マヨネーズ……大さじ２
- 酢………………大さじ１
- **にんにく(みじん切り)…½片**
- **たまねぎ(みじん切り)…10ｇ**

❶ねぎの青い部分は包丁の腹でつぶし、しょうがは皮つきのまま薄切りにします。

❷とり肉は余分な脂肪をとり除き、味をしみやすくするため、フォークでつついて皮に穴をあけます。

❸皿に①の半量を敷き、肉を皮を下にしてのせて、残りの①をのせます。酒をふり、約５分おきます（P.10 a 参照）。

❹［ラップして 約４分］加熱し、ラップをしたまま５～10分おきます。ドレッシングの材料を混ぜ合わせます。

❺肉は２㎝角に切り、ドレッシングをかけます。ミニトマトを添えます。

とり
もも肉

とりの酒蒸し ごまみそだれ

香味野菜がきいたたれが、味をひきしめます

調理時間20分
1人分267kcal

材料（２人分）

とりもも肉…小１枚(200g)

- **ねぎ(青い部分)…１本分**
- **しょうが…１かけ(10g)**
- 酒 ……………大さじ１

ねぎ(白い部分)………$\frac{1}{2}$本

〈ごまみそだれ〉

すりごま(白)……大さじ２

だし・酢・みそ…各大さじ１

しょうゆ ………大さじ$\frac{1}{2}$

ねぎ(みじん切り) ………10g

しょうが(みじん切り)…５g

❶ねぎの青い部分は包丁の腹でつぶし、しょうがは皮つきのまま薄切りにします。

❷とり肉は余分な脂肪をとり除き、味をしみやすくするため、フォークでつついて皮に穴をあけます。

❸皿に①の半量を敷き、肉を皮を下にしてのせ、残りの①をのせます。酒をふり、約５分おきます。

❹ねぎの白い部分は５cm長さのたんざく切りにし、同じ皿にのせます（a）。ラップして 約４分 加熱し、ラップをしたまま５～10分おきます。たれの材料を合わせます。

❺盛り皿にたんざく切りのねぎを敷き、肉をそぎ切りにしてのせます。たれをかけます。

a

添え野菜になるねぎも一緒に加熱します。

棒々鶏（バンバンジー）

ソースは、冷ややっこや冷やし中華にも応用できます

＊さまし時間除く
調理時間15分
1人分335kcal

材料（２人分）

とりもも肉‥小１枚(200ｇ)
ねぎ(青い部分)… １本分
しょうが… １かけ(10ｇ)
酒 ……………大さじ１
トマト ……… １個(200ｇ)
きゅうり …………… １本

〈棒々鶏ソース〉
練りごま………大さじ $1\frac{1}{2}$
砂糖・酒・酢….各大さじ $\frac{1}{2}$
しょうゆ………大さじ１
塩……………………少々
しょうが汁……小さじ $\frac{1}{2}$
ラー油…………小さじ $\frac{1}{2}$
ねぎ(みじん切り) …. 5㎝

❶ねぎの青い部分は包丁の腹でつぶし、しょうがは皮つきのまま薄切りにします。

❷とり肉は余分な脂肪をとり除き、味をしみやすくするため、フォークでつついて皮に穴をあけます。

❸皿に①の半量を敷き、肉を皮を下にしてのせ、残りの①をのせます。酒をふり、約５分おきます（ａ）。

❹ ラップして 約４分 加熱し、ラップをしたままおいて、さまします。ソースの材料を混ぜ合わせます。

❺トマトは薄切りに、きゅうりは細切りにします。

❻肉を５～６㎜厚さに切り、⑤と一緒に盛って、ソースをかけます。

ａ

とり肉は皮を下にすると、加熱後、皮のブツブツが目立ちません。

とりと野菜のハーブ蒸し

つけ合わせも一度にできます

＊つけおき時間除く
調理時間15分
1人分341kcal

材料（2人分）

とりもも肉…小1枚(200g)

A
- しょうゆ………大さじ1/2
- 塩・こしょう ….各少々
- オリーブ油 ….小さじ1

B
- **ローズマリーの葉先‥2～3枚分**
- オレガノ(乾燥)…小さじ1/4

たまねぎ ……………80g

ズッキーニ….1/2本(70g)

ミニトマト………… 5個

エリンギ ……………60g

カリフラワー………80g

C
- 塩・こしょう ….各少々
- オリーブ油 ….大さじ1

❶とり肉は余分な脂肪をとり除き、4つに切って、Aと1/2量のBをもみこみ、30分ほどおきます。

❷たまねぎ、ズッキーニは1㎝厚さに、ミニトマトは半分に切ります。エリンギとカリフラワーは食べやすい大きさにします。

❸②をCと残りのBであえ、肉と一緒に盛り皿にのせ（a）、ラップして 約7分 加熱します。

a

レンジにかけられる器に盛って、チン。そのまま食卓に出せます。

とりの照り焼き風

つけ汁につけてから加熱、照りがでます

＊つけおき時間除く
調理時間15分
1人分257kcal

材料（2人分）	
とりもも肉	**小1枚(200g)**
A しょうゆ・みりん・酒	各大さじ2
A **しょうが汁**	**小さじ1**
レタス	**2枚**

❶とり肉は余分な脂肪はとり除き、フォークでつついて皮に穴をあけます。

❷Aを合わせ、肉を30分ほどつけます。途中で2～3回上下を返します。

❸30分後、肉は皮を上にして皿にのせます。つけ汁は鍋でとろりとするまで煮つめます（電子レンジならラップなしで約3分加熱）。

❹肉を［ラップなし 約5分］加熱します。③の汁を全体にかけます（a）。さらに［ラップなし 約2分］加熱します。肉を食べやすい大きさに切ります。

❺レタスを太めに切って盛りつけ、肉をのせます。

a

加熱途中で1度、汁をかけると、照りよく仕上がります。

とり
もも肉

とり肉のしそロール

ラップで巻いたまま加熱できるので、かんたんです

＊つけおき時間除く
調理時間13分
1人分288kcal

材料（2人分）

とりもも肉……**1枚(250g)**

A
- しょうゆ……大さじ1½
- 酒……………大さじ½
- みりん………大さじ1

しその葉……………**9枚**

❶とり肉は厚みが均一になるように、中央から左右に身を切り開きます。余分な脂肪を除き、フォークでつついて皮に穴をあけます。Aをかけ、約30分おきます。

❷ラップを30×40㎝に広げ、肉の汁気をきって、皮を下にして置きます（汁はとりおきます）。しそ5枚を肉の上全面に広げ、肉をしっかりと巻きます。ラップで包み、両端を結びます。

❸皿にのせ（a）、ラップに包んだまま 約4分 加熱します。少しさめたらラップをはずします。

❹とりおいた汁と③で出た汁を合わせ、とろりとするまで鍋で煮つめ（電子レンジならラップなしで約3分加熱）、肉に塗ります。1.5㎝厚さに切り、残りのしその葉と器に盛ります。

a

ゆるいと形がくずれるので、ラップはきっちりと巻きます。

とりみそ七味

酒の肴にもなる煮ものが、あっという間に

材料（2人分）

とりもも肉…………150g
こんにゃく…………100g
A
- 砂糖…………大さじ1/2
- 酒……………大さじ1
- しょうゆ………大さじ1
- みそ…………大さじ1
- **しょうが汁……小さじ1/2**

ねぎ……………………1/4本
七味とうがらし……少々

❶とり肉は余分な脂肪をとり除き、1.5㎝角の薄いそぎ切りにします。

❷こんにゃくはひと口大にちぎり、さっとゆでて、アクを抜きます。

❸器にAを合わせ、①②をよく混ぜて（a）、

ラップして 約4分 加熱します。

❹ねぎを小口切りにします。③を小鉢に盛り、ねぎをのせて、とうがらしをふります。

均一に加熱されるよう、とり肉を同じ大きさに切ります。

とり むね肉

とり肉のレモン蒸しサラダ

レモンの香りがさわやかな、おしゃれサラダ

＊さまし時間除く
調理時間15分
1人分331kcal

材料（２人分）

とりむね肉…１枚(200ｇ)

- **レモン**……………… $\frac{1}{3}$個
- 塩・こしょう ….各少々
- 白ワイン ……大さじ１

エンダイブ・ルッコラ・トレビスなど
…………………計100ｇ

たまねぎ ……………30ｇ

〈ソース〉

マヨネーズ…..大さじ$2\frac{1}{2}$

しょうゆ………小さじ１

トマトケチャップ…小さじ１

❶レモンは輪切り２枚を切り、皿に敷きます。とり肉はフォークでつついて皮に穴をあけ、塩、こしょうをふって、レモンの上に置きます。残りのレモンは汁をしぼって、肉にかけます（ａ）。

❷ワインをふり、ラップして約４分30秒 加熱します。ラップをしたまま、さまします。

❸たまねぎは薄切りにし、水にさらします。残りの野菜は食べやすい大きさにちぎります。

❹ソースの材料を合わせます。肉を手でさき、野菜と盛り合わせて、ソースをかけます。

a

レモンを敷き、レモン汁をかけて、肉のくさみを消します。

手羽焼き

レンジも使い方次第で焼いた感じに仕上がります

＊つけおき時間除く
調理時間**16分**
1人分**368kcal**

材料（２人分）

とり手羽元… ６本(350ｇ)

A
- 酒……………大さじ½
- しょうゆ………大さじ½
- サラダ油………大さじ½
- トマトケチャップ…大さじ２
- とんかつソース……大さじ２

グリーンリーフ……少々

❶手羽元は、骨にそって切りこみを入れます（ａ）。ポリ袋にＡを合わせて手羽元を入れ、30分ほどつけます。

❷耐熱皿に厚手のペーパータオルを敷き（薄手なら２枚重ねる）、肉を汁気をきって並べます（ｂ）。

❸残ったＡを鍋で煮つめます（電子レンジならラップなしで約２分加熱）。

❹②の肉を、［ラップなし 約６分］加熱します。③をかけて、［ラップなし 約１分］加熱します。

ａ

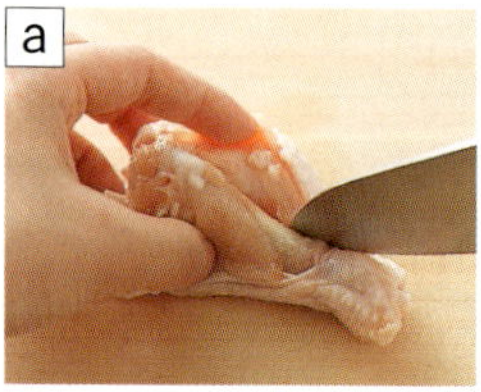

切りこみを入れると、味がしみやすく、食べやすい。

ｂ

カラリと仕上げるために、ペーパーを敷き、肉汁をとります。

ささみのチーズ蒸し

1人分ずつペーパーに包んでふっくらと

調理時間10分

1人分146kcal

材料（2人分）

とりささみ…大3本（150g）

A ┌白ワイン……大さじ1
　└塩・こしょう…各少々

エリンギ……………40g

赤ピーマン…小1/4個（10g）

ハム（超薄切り）……2枚

チーズ（溶けるタイプ）…40g

レンジ用ペーパー（20×15㎝）…2枚

❶ささみは筋をとり、ひと口大のそぎ切りにします。Aをふります。

❷エリンギは4㎝長さの薄切りにします。ピーマンは細切りにします。

❸レンジ用ペーパーに、1人分ずつ、ささみ、ハム、エリンギ、ピーマン、チーズをのせます。中央をあけたまま、ペーパーの両端をねじります（a）。

❹皿にのせ（b）、［ラップなし 約2分40秒］加熱します（1つなら、ラップなしで約1分40秒加熱）。

a

ペーパーを2、3度ねじって、端をとめます。

b

この状態まで作っておいて、食べる直前にレンジ加熱しましょう。

ひと口サイズで、おべんとうにも向く一品

ささみのり巻き

調理時間18分

1人分134kcal

材料（2人分）	
とりささみ	**大4本(200g)**
塩	小さじ$\frac{1}{5}$
酒	大さじ$\frac{1}{2}$
みつば	**小$\frac{1}{2}$束(25g)**
長いも	**50g**
梅干し(果肉をたたく)	**1個**
焼きのり	**2枚**
わさびじょうゆ	適量

❶ささみは筋をとり、薄く開きます（a）。塩、酒をふり5分ほどおきます。

❷みつばは根を切り、ラップに包んで、皿にのせ 約10秒 加熱します。長いもは1cm角に切ります。

❸巻きすにのりを置き、ささみ2本分を広げます。梅干しを塗り、長いもを芯にして巻きます（b）。残りの肉でみつばを芯にして巻きます。

❹ペーパータオルで③をそれぞれ巻き、皿にのせ（P.41 b 参照） ラップなし 約3分 加熱します。ペーパーをすぐにはずします。

a

中央に縦に切り目を入れ、そこから左右に切り開きます。

b

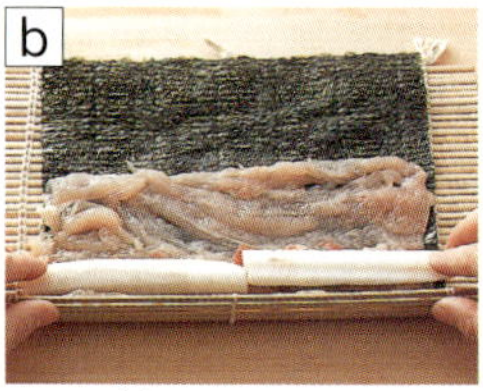

のりが$\frac{1}{3}$残るように、ささみ2枚を交互に並べます。

とり
ささみ

ささみとセロリのマスタードドレッシング

ささみは、すぐに火が通るので急ぐときに便利

調理時間10分

1人分117kcal

材料（２人分）

とりささみ‥‥大1本(50ｇ)

- 塩……………………少々
- 酒 ……………小さじ１

セロリ ……………100ｇ

〈マスタードドレッシング〉

粒マスタード‥‥大さじ1

酢…………………大さじ$\frac{1}{2}$

塩…………………小さじ$\frac{1}{6}$

こしょう ……………少々

サラダ油………大さじ１$\frac{1}{2}$

❶ささみは皿にのせて、塩と酒をふります（ａ）。ラップして約１分20秒 加熱します。

❷セロリは３㎝長さのたんざく切りにし、葉は食べやすい大きさに切ります。

❸ドレッシングの材料を合わせます。ささみは筋を除いて、さきます（ｂ）。セロリと一緒に、ドレッシングであえます。

ａ

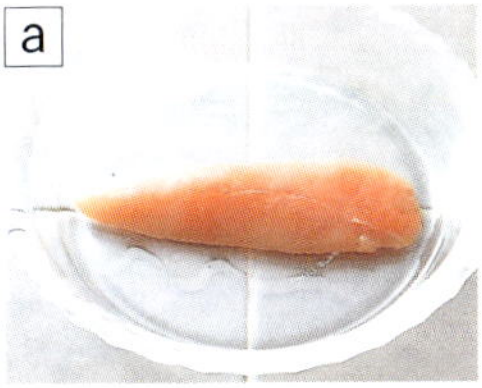

ささみをさいて使う場合は、先に筋をとらなくてOK。

ｂ

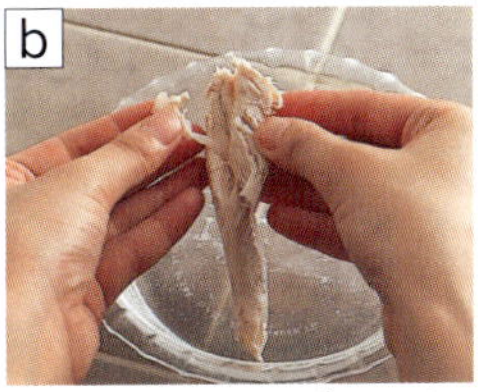

さくときに筋をはずします。

ささみとせりの わさびあえ

せりは1分で色鮮やかにゆでられます

調理時間10分

1人分46kcal

材料（2人分）

とりささみ‥‥大1本（50g）

- 塩‥‥‥‥‥‥‥‥‥‥少々
- 酒‥‥‥‥‥‥‥‥小さじ1

せり‥‥‥‥‥‥‥‥‥100g

〈わさび酢じょうゆ〉

練りわさび‥‥‥‥小さじ½

しょうゆ‥‥‥‥‥大さじ1

だし‥‥‥‥‥‥‥‥大さじ1

酢‥‥‥‥‥‥‥‥‥小さじ1

❶ささみは皿にのせ、塩と酒をふって（P.23 a 参照）ラップして約1分20秒 加熱します。

❷せりは洗って、葉先と茎に分け、3cm長さに切ります。茎は水気がついたまま、ラップに包み、皿にのせます（a）。50秒〜1分 加熱し、すぐにラップごと水にとり、水の中でラップをとってさまします。水気をきります。

❸わさび酢じょうゆの材料を合わせます。ささみは筋を除いて、さきます（P.23 b 参照）。せりの葉先、茎と一緒にわさび酢じょうゆであえます。

a

せりは茎だけラップに包んでチン。

ささみのオクラあえ

野菜も一緒に加熱できるので、ひと手間省けます

調理時間10分

1人分43kcal

材料（2人分）

とりささみ……**大1本(50g)**

- 塩…………………少々
- 酒……………小さじ1

オクラ………………**8本**

- 塩…………………少々

えのきだけ……**½袋(50g)**

A
- 酒……………小さじ1
- しょうゆ………小さじ1
- 練りがらし……小さじ½

❶ささみは皿にのせて、塩と酒をふり、ラップをかけます。

❷オクラは塩でもみ、さっと洗って小口切りにします。えのきは半分に切り、オクラと一緒にレンジ用ポリ袋に入れます。

❸①と②を一緒にターンテーブルにのせ（a）、約1分30秒 加熱します。野菜のポリ袋をとり出し、ささみは、さらに 30秒～40秒 加熱します。野菜はポリ袋から出し、さまします。ささみは筋を除いて、さきます（P.23 b 参照）。

レンジ用ポリ袋は半分に折って、口を下にして加熱。

❹Aを合わせ、ささみと野菜を一緒にあえます。

豚肉ともやしの蒸しもの

盛りつけて加熱し、そのまま食卓へ

調理時間**8分**

1人分**349kcal**

材料（2人分）

豚ばら肉(薄切り) ····**150ｇ**

┌酒 ···············大さじ2
└**しょうが汁** ····**小さじ1**

もやし ·······**1/2袋(150ｇ)**

万能ねぎ·········· **2～3本**

ぽん酢しょうゆ ·····大さじ4

ラー油 ···················適量

❶豚肉は5㎝長さに切り、酒としょうが汁をまぶします。

❷盛り皿にもやしを敷いて、豚肉を並べます（a）。ラップして **約4分30秒** 加熱します。

❸万能ねぎは3㎝長さに切ります。

❹皿に出た水分は捨て、万能ねぎを散らし、ぽん酢しょうゆとラー油をかけます。

a

レンジ加熱できる器なら、盛り直さずに、そのままいただけます。

豚肉の甘酢あん

レンジで作る変わり酢豚。野菜が歯ざわりよく仕上がります

調理時間15分

1人分405kcal

材料（2人分）

豚ロース肉（薄切り）････150g

酒 ･･････････････大さじ1

たまねぎ･････$\frac{1}{2}$個（100g）

ピーマン ･･････････････ 1個

しいたけ ･･････････････ 3個

サラダ油･････････大さじ1

〈甘酢あん〉

しょうゆ･････････大さじ1

砂糖・酢・トマトケチャップ・水

････････････････各大さじ2

かたくり粉･･････小さじ2

❶豚肉は4～5cm長さに切り、酒をふります。

❷たまねぎ、ピーマンは2cm角に切り、しいたけは半分に切ります。

❸大きめの耐熱容器にたまねぎ、ピーマン、油を混ぜます。［ラップなし 約3分］加熱します。

❹甘酢あんの材料を合わせます。

❺③に肉、しいたけ、甘酢あんを入れ、混ぜます（a）。［ラップして 5～6分］加熱、よく混ぜます。

a

かたくり粉が入る料理は、加熱前と、あとによく混ぜて、ダマにならないようにします。

豚肉とはくさいの重ね蒸し

蒸し器で作る定番料理をレンジでかんたんに

調理時間15分

1人分244kcal

材料（2人分）

豚肉(ロースまたはばら肉・薄切り)
……………………150g

A
- 酒 ……………大さじ1
- 塩 ……………小さじ1/4
- **しょうが汁 ….小さじ1**

はくさい……………400g

ぽん酢しょうゆ….大さじ3

＊写真bの器は8.5×19cmの耐熱容器ですが、ボール形の容器で丸く作って、4つに切り分けてもよいでしょう。

❶豚肉にAをまぶします。

❷はくさいは洗って、水気がついたまま、ラップで包みます（a）。【約6分】加熱します。少しさまし、水気をしぼります。

❸はくさい、肉は器に交互に広げて重ねます（b）。【ラップして 約5分】加熱します。

❹食べやすい大きさに切り、ぽん酢しょうゆをかけていただきます。

a

野菜は水分が出るので、皿にのせます。

b

端までぴっちりつめると形よく仕上がります。

焼き豚 みそ味

電子レンジでもおいしい焼き豚風ができます

＊つけおき時間除く
調理時間10分
1人分326kcal

材料（２人分）

- 豚肩ロース肉（かたまり・直径約5㎝）……………………200ｇ
- A
  - ねぎ（青い部分）‥１本分
  - しょうが…１かけ（10ｇ）
  - 酒……………大さじ１
  - みりん………大さじ１
  - しょうゆ……大さじ１
  - みそ…………大さじ１
- かいわれだいこん‥1パック（40ｇ）

❶ねぎは５㎝長さに切り、しょうがは皮つきのまま、薄切りにします。Ａを合わせて、ポリ袋に入れます。豚肉を中に入れ、もみこみます。冷蔵庫に30分～１時間おきます（ａ）。

❷肉を袋から出して耐熱皿に置き（ｂ）、ラップなし ６～７分 加熱します。

❸ポリ袋に残ったたれは、鍋に入れて、とろりとするまで煮つめます（レンジならラップなしで約３分加熱）。肉を薄く切り分けて、かいわれと盛り、たれをかけます。

a

しっかり下味をつけておいたほうが、おいしくできます。

b

ラップなしで加熱すると、焼いたように仕上がります。

焼き豚 しょうゆ味

かたまり肉が少量残ったときに便利

＊つけおき時間除く
調理時間10分
1人分312kcal

材料（２人分）

豚肩ロース肉（かたまり・直径約５cm）
……………………**200ｇ**

A
- **ねぎ（青い部分）‥１本分**
- **しょうが…１かけ(10ｇ)**
- しょうゆ……大さじ２
- 酒・みりん‥各大さじ１
- （あれば）八角……１片

ねぎ（白い部分）……10cm

❶ねぎの青い部分は５cm長さに切り、しょうがは皮つきのまま薄切りにします。Ａをポリ袋に入れます。豚肉を中に入れ、もみこみます。冷蔵庫に30分～１時間おきます（a）。

❷ねぎの白い部分はせん切りにします。水に放し、水気をきります。

❸肉を袋から出して耐熱皿に置き（b）、ラップなし 6～7分 加熱します。

❹袋に残ったたれは、鍋に入れてとろりとするまで煮つめます（レンジなら、ラップなしで約３分加熱）。肉を薄く切り、②をのせ、たれをかけます。

a

しっかり下味をつけておいたほうが、おいしくできます。

b

ラップなしで加熱すると、焼いたように仕上がります。

牛肉とマッシュルームのクリーム煮

材料全部を混ぜてレンジへ。本格的な味が手軽にできます

調理時間20分

1人分455kcal

材料（2人分）

牛薄切り肉…………**120 g**

A ┌塩・こしょう ….各少々
　 └白ワイン ……大さじ1

マッシュルーム… 1パック(100g)

たまねぎ ……½個(100 g)

生クリーム ……カップ½

小麦粉…………大さじ1

スープの素 ……小さじ½

バター ………………15 g

塩・こしょう ……各少々

パセリのみじん切り…少々

❶牛肉はひと口大に切り、大きめの耐熱容器に入れます。Aで下味をつけます。

❷マッシュルームは半分に切ります。たまねぎは薄切りにします。

❸①に、②、生クリーム、小麦粉を入れます。スープの素を加え、よく混ぜます。さらにバターを切ってのせ（a） ラップして約6分 加熱します。

❹全体をよく混ぜ、塩、こしょうで味をととのえます。盛りつけて、パセリをふります。

＊そのままいただいても、ごはんやパンを添えても。

a

バターを切って、全体にのせます。

おべんとうのおかずにもピッタリ

牛肉とれんこんのきんぴら風

調理時間**10分**
1人分**221kcal**

材料（２人分）

牛肩ロース肉（薄切り）‥80ｇ
れんこん……………100ｇ
A
- しょうゆ….大さじ $1\frac{1}{2}$
- 砂糖…………大さじ１
- 酒 ……………大さじ１
- だし…………大さじ１
- サラダ油……大さじ１
- 赤とうがらし ……$\frac{1}{2}$本

いりごま（白）….小さじ１

❶れんこんは皮をむき、薄いいちょう切りにします。牛肉は２～３㎝幅に切ります。

❷赤とうがらしは種をとり除き、小口切りにします。耐熱容器にＡを合わせ、①を入れ、混ぜて（ａ）ラップなし 約３分30秒 加熱します。よく混ぜて盛りつけ、ごまをふります。

味がまんべんなくなじむように、加熱前とあとによく混ぜます。

牛肉のたたき風サラダ

牛肉に下味をつけながら上手に加熱

調理時間15分

1人分242kcal

材料（2人分）

牛もも肉（かたまり・たたき用）……………………150ｇ

- 酒 ……………大さじ1
- 塩 ……………小さじ$\frac{1}{4}$
- こしょう（黒・あらびき）‥少々
- サラダ油……大さじ$\frac{1}{2}$

だいこん……………150ｇ

かいわれだいこん‥$\frac{1}{3}$パック（15ｇ）

サラダ菜………5～6枚

〈わさびじょうゆドレッシング〉

- 練りわさび……小さじ1
- 酢 ………………大さじ1
- しょうゆ………小さじ1
- サラダ油………大さじ2

❶器に牛肉をのせ、酒をふって、塩とこしょうをすりこみます。油大さじ$\frac{1}{2}$をまぶします（a）。

❷［ラップなし 約2分］加熱します。庫内からとり出して、さまします。

❸だいこんは5㎝長さのせん切りに、かいわれは半分に切ります。ドレッシングは合わせます。

❹肉を薄切りにし、野菜と盛って、ドレッシングをかけます。

a

塩がついている外側が加熱されやすいため、まわりには火が通っても、中はレアに仕上がります。

調理時間20分

1人分229kcal

しゅうまい

ひとくふうで、蒸し器のようにふんわり仕上がります

材料（２人分）

豚ひき肉……………**100ｇ**
しいたけ……………**２個**
たまねぎ…….**1/4個（50ｇ）**
かたくり粉…….大さじ１
A
- 砂糖・酒・しょうゆ……………各小さじ１
- **しょうが汁**…..**小さじ1/2**
- 塩・こしょう….各少々
- 水………………大さじ１

しゅうまいの皮…….**８枚**
サラダ油……………少々
からしじょうゆ…….適量

❶しいたけ、たまねぎはみじん切りにします。たまねぎにかたくり粉をまぶします。

❷ボールにひき肉、①、Aを入れ、手でよく混ぜ、8等分に丸めます。しゅうまいの皮で包みます（a）。

❸器にサラダ油を薄く塗り、しゅうまいを間隔をあけて並べます。

❹ペーパータオルを水でぬらし、しゅうまいにかけて（b）、10分ほどおきます。ペーパーの上に、ふんわりとラップをして 約３分 加熱します。

a

指で輪を作り、皮をのせます。中央に肉あんをのせて押しこみ、底を平らにします。

b

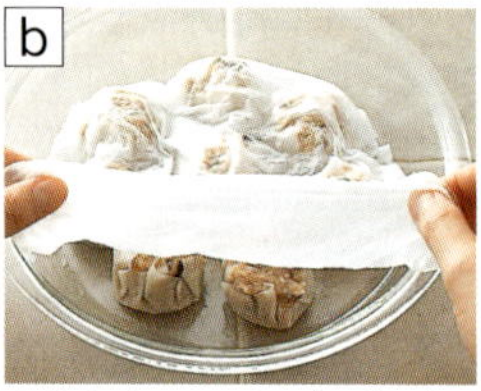

ぬらしたペーパーをぴったりかけると、皮がしっとり仕上がります。

しいたけしゅうまい

しいたけの味が生きた、ジューシーな1品

調理時間12分

1人分153kcal

材料（2人分）

- **豚ひき肉**……………80g
- **しいたけ**…………… 6個
- **たまねぎ**……………30g
- かたくり粉………大さじ1/2
- A
  - 酒……………大さじ1/2
  - 塩……………小さじ1/4
  - **しょうが汁……小さじ1/2**
  - ごま油………小さじ1
  - こしょう…………少々
- **パセリ**………………**少々**
- からしじょうゆ……適量

❶しいたけは軸をとり、軸はみじん切りにします。たまねぎはみじん切りにし、かたくり粉をまぶします。

❷ボールにひき肉とA、しいたけの軸、たまねぎを入れて、手でよく混ぜます。

❸しいたけのかさの内側に、②をこんもりとのせます。皿に並べ（a）［ラップして 約2分40秒］加熱します。

a

ひき肉あんがつかないように、離して並べます。

麻婆豆腐（マーボードウフ）

中華鍋でいためないから、とうふがくずれる心配なし

調理時間20分

1人分397kcal

材料（2人分）

豚ひき肉……………100g

もめんどうふ… 1丁(300g)

A
- **ねぎ** ………………… 1/2本
- **にんにく** ………… 1片
- サラダ油……大さじ1
- 豆板醤《トーバンジャン》 …小さじ1/2〜1

B
- 甜麺醤《テンメンジャン》 ……大さじ1 1/2
- しょうゆ……大さじ1
- 酒 ……………大さじ2
- スープの素……小さじ1/2
- 水………………カップ1/2
- かたくり粉……大さじ1

ごま油…………小さじ1

❶ねぎとにんにくはみじん切りにします。大きめの器にひき肉とAを入れ、よく混ぜ合わせます。［ラップなし 約2分］加熱します。よく混ぜます。

❷とうふは1.5cm角に切ります。皿にペーパータオルを2枚敷き、とうふをのせて（a）、［ラップなし 約2分］加熱します。

❸①にBを入れてよく混ぜ、とうふを加えて、軽く混ぜます（b）。［ラップなし 約6分］加熱します。熱いうちにごま油を回しかけ、軽く混ぜます。

とうふの水きりもレンジでできます（P.155参照）。

とうふを加えたら、くずさないように、軽く混ぜます。

ひき肉ののり巻き

切り口の彩りと形がかわいい

調理時間20分

1人分260kcal

材料（2人分・6～7切れ分）

豚ひき肉……………150 g

ねぎ…………………40 g

A
- **卵**…………………$\frac{1}{4}$個
- かたくり粉 …大さじ1
- **しょうが汁**…**小さじ1$\frac{1}{2}$**
- 酒 ……………小さじ2
- 塩・こしょう …各少々

ミックスベジタブル（冷凍）

……………………**60 g**

焼きのり …………… **1枚**

からしじょうゆ……適量

＊オクラ9本のへたをとって巻いても（1人分250kcal）。上の写真は両方を1本分ずつ盛っています。

❶ミックスベジタブルは ラップして 約1分 加熱し、水気をきります。

❷ねぎはみじん切りにします。ボールにひき肉、ねぎ、Aを入れ、手でよく混ぜます。①を加えて混ぜます。

❸巻きすの上にのりを置き、②を広げます。巻いて（a）、巻き終わりを水でとめます。

❹ペーパータオルで巻いて皿にのせ（P.41b参照）、ラップなし 約5分 加熱します。切り分けて、からしじょうゆでいただきます。

a

のりの向こう端2㎝ほど残し、肉あんを広げて巻きます。

ラップで形作って、そのまま加熱するだけ

手づくりソーセージ

調理時間**15分**

1人分**304kcal**

材料（2人分）

豚ひき肉……………200g

しその葉……………10枚

A
- **たまねぎ（すりおろす）……………15g**
- 塩……………小さじ$\frac{1}{3}$
- こしょう・クローブ・ナツメグ・オールスパイス（粉末・あるものだけでも）…各少々
- **牛乳…………大さじ2**

かたくり粉……大さじ1

粒マスタード・**イタリアンパセリ……………各少々**

❶しそはあらみじんに切ります。ボールにひき肉を入れ、Aを加えて、手でよく混ぜます。しそとかたくり粉を加えてよく混ぜ、4等分にして、細長く形作ります。

❷1本ずつラップで巻き、両端をねじります。

❸皿にのせて（a）、 約3分 加熱します。

a

ラップをしっかりねじり、端を下に敷きこみます。

ひき肉ととうふの蒸しもの

とうふでやわらかく仕上がる、和風ミートローフ

調理時間**15分**

1人分**207kcal**

材料（２人分）

- **豚ひき肉**……………**100ｇ**
- **もめんどうふ**…$\frac{1}{4}$丁（70ｇ）
- **にんじん**……………**50ｇ**
- **しいたけ**……………**２個**
- **ねぎ**…………………**５㎝**
- A
  - **卵**…………………$\frac{1}{2}$個
  - しょうゆ・酒…各大さじ$\frac{1}{2}$
  - 塩……………小さじ$\frac{1}{4}$
  - **しょうが汁**……**小さじ１**
- B
  - だし…………カップ$\frac{1}{2}$
  - しょうゆ・みりん‥各小さじ１
- かたくり粉……小さじ１
- 水………………小さじ２
- **ねぎ**（青い部分・せん切り）…少々

❶にんじん、しいたけ、ねぎはみじん切りにします。

❷ボールに、ひき肉、とうふ、①、Ａを入れ、よく混ぜます。湯のみなどの器に半量ずつ入れ（ａ）、ラップして約４分 ２個一緒に加熱します。

❸鍋でＢを温め、沸とうしたら、水どきかたくり粉を入れて、とろみをつけます。

❹②をとり出して器に盛り、③のあんをかけて、せん切りのねぎを飾ります。

a

湯のみに肉あんをきっちりと詰めます。口が広がっているほうが、とり出しやすい。

スコッチエッグ

揚げるより時間がかからず手軽です

調理時間15分

1人分408kcal

材料（2人分）

- **合びき肉**……………150ｇ
- A
  - **卵**……………………$\frac{1}{2}$個
  - **牛乳**………………50cc
  - パン粉……………20ｇ
  - 塩・こしょう・ナツメグ ………………各少々
- **たまねぎ**……$\frac{1}{4}$個(50ｇ)
- **ゆで卵(殻をむく)**…… 2個
- **グリーンアスパラガス**… 3本
- **クレソン** …………… 2枚

〈ソース〉

- トマトケチャップ‥大さじ2
- ソース…………大さじ1

❶たまねぎはみじん切りにします。

❷ボールにひき肉、①、Ａを入れ、手でよく混ぜます。

❸ラップを広げ、②を20×12㎝にのばします。ゆで卵、アスパラガスを並べて、包みます（a）。ラップの両端をねじります。皿にのせて 約5分 加熱します。

❹ソースを合わせて盛り皿に敷き、③を4等分してのせます。クレソンを添えます。

ラップの両端を持ち上げて包むと、うまく形作れます。

とりひき肉の信田(しのだ)巻き

さめてもおいしいので、おべんとうのおかずに

調理時間15分

1人分157kcal

材料（2人分）

とりひき肉……………**80g**

A
- **ねぎ(みじん切り)**…**20g**
- 塩……………………少々
- かたくり粉・酒‥各小さじ1
- **しょうが汁**‥‥**小さじ1**
- しょうゆ………小さじ½

しいたけ……………**2個**

さやいんげん………**30g**

油揚げ………………**1枚**

＊18×9㎝の大きさの油揚げを使った場合の分量です。

❶しいたけは薄切りにします。いんげんは筋をとります。油揚げは長い1辺を残し、3辺を切って、開きます。

❷ボールにひき肉とAを入れ、手でよく混ぜます。

❸油揚げに②を広げます。しいたけを並べてから、いんげんをのせて巻きます（a）。ペーパータオルで巻き（b）、ラップなし 約2分30秒 加熱します。食べやすい大きさに切ります。

a

油揚げの向こう端1㎝を残し、肉あんを広げます。

b

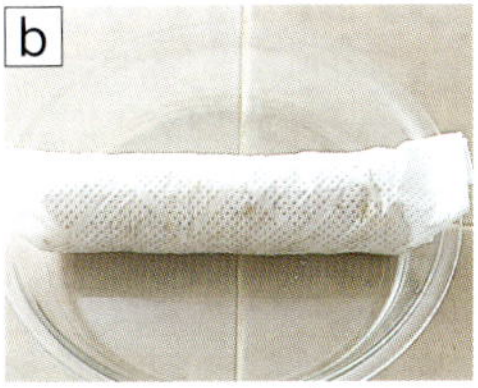

ペーパータオルが余分な脂分を吸いとってくれます。

のしどり

おせち料理をレンジでかんたんに

調理時間10分

1人分296kcal

材料（２人分）

とりひき肉…………150ｇ

A
- みりん・酒‥各大さじ１
- みそ（あれば赤みそ）‥大さじ１
- 砂糖…………小さじ１
- パン粉……………15ｇ
- **卵…………………½個**

青のり…………小さじ２

いりごま（白）‥‥大さじ２

レンジ用ペーパー（15×15㎝）‥‥1枚

＊レンジ用ペーパーの代わりにオーブンシートやラップでも。

❶ボールにひき肉とＡを入れ、手でよく混ぜます。

❷レンジ用ペーパーに①を１㎝厚さの四角形にのばします。青のりとごまを一面にのせます。

❸②を皿にのせ（ａ）、ラップなし 約４分30秒 加熱します。さめてから、食べやすい大きさに切ります。

a

中央３㎝幅程度に青のりをのせます。

かんたんおつまみに

ベーコン巻き

調理時間10分

1個分45kcal

材料（4個分）	
ベーコン	2枚
グリーンアスパラガス	2～3本

＊アスパラガスの代わりに以下でも

エリンギ	50g
長いも	60g
えのきだけ	1/2袋(50g)
ねぎ	10cm

❶ベーコンは半分の長さに切ります。

❷アスパラガスは5cm長さに切ります。ベーコンで巻いて、ようじでとめます。

❸皿にのせ、ラップなし 約2分30秒 加熱します。

＊エリンギは2～4つにさいて、5cm長さ（約1分）。長いもは5cm長さの拍子木切り（約1分20秒加熱）。えのきは長さ半分（約2分）。ねぎは縦半分に切って、5cm長さ（約2分）。

いかとえびのマリネ

いかとえびを一緒にチンして、手軽に下ごしらえ

＊さまし時間除く
調理時間15分
1人分184kcal

材料（２人分）

- **いか（胴）**……………150ｇ
- **えび**………… **8尾（100ｇ）**
- 白ワイン…….大さじ２
- A
  - 白ワイン…….大さじ３
  - ワインビネガー（白）…大さじ４
  - 塩……………小さじ$\frac{1}{2}$
  - こしょう（あらびき）…少々
  - オリーブ油….大さじ３
- B
  - **たまねぎ…$\frac{1}{4}$個（50ｇ）**
  - ローリエ…………１枚
  - **黒オリーブ（種なし）…. ３粒**
  - **レモン（薄切り）….. ２枚**
- **ディル（またはパセリのみじん切り）………少々**

❶たまねぎは薄切りにし、オリーブは２つに切ります。

❷器にＡの材料を合わせ、Ｂを加えます。

❸えびは殻をむき、背わたをとります。いかは皮をむいて、７～８㎜厚さの輪切りにします。別皿にいかとえびを広げ、ワイン大さじ２をかけます（ａ）。［ラップして 約２分］加熱します。

❹えびといかが熱いうちに汁気をきって、②につけます。ディルを飾ります。さめたら、いただきます。

a

ラップをしてワイン蒸しに。
なるべく広げて加熱します。

いかとわけぎの ぬた

短時間加熱でいかをやわらかく

調理時間10分

1人分87kcal

材料（2人分）

いか……………………**50g**
　酒……………大さじ1/2
わけぎ……………**100g**
〈からし酢みそ〉
白みそ…………大さじ2
砂糖……………大さじ1/2
練りがらし……小さじ1/5
酢………………大さじ1/2

❶わけぎは4cm長さに切ります。皿に広げ（a）、ラップして 約1分 加熱します。ざるに広げてさまします。

❷いかは皮をむいて、4cm長さのたんざく切りにし、器に入れて酒をふります。ラップして 約1分30秒 加熱し、汁気をきります。

❸からし酢みそを合わせ、食べる直前に①②をあえます。

a

わけぎの根元で太いものがあれば、縦半分に切ります。

蒸しいさき

豪華な1尾蒸しをかんたんに。香味野菜でくさみをおさえます

調理時間20分

1人分206kcal

材料（2人分）

いさき（または、すずき）
……………1尾(300g)
塩 ……………小さじ½
にんじん‥5cm長さ(10g)
ねぎ………小1本(70g)
しょうが‥‥1かけ(10g)
A
しょうゆ…….大さじ1
サラダ油…….大さじ1
ごま油……….大さじ½

香味野菜の切れ端をにおい消しに使います。

❶魚のうろこ、えら、内臓をとります（魚屋さんに頼んでも）。洗って、水気をふきます。両面に2〜3本ずつ切り目を入れ、塩をふって10分おきます。

❷ねぎは青い部分と芯をとりおきます。ねぎの白い部分とにんじんは、5cm長さのせん切りにします。しょうがは皮をむき、せん切りにして、皮はとりおきます。

❸魚の水気をふきます。盛り皿にねぎの芯を並べ、魚を置いて、しょうがの皮とねぎの青い部分をのせます（a）。ラップして約4分 加熱します。

❹ねぎとしょうがをとり除き、せん切りのねぎ、にんじん、しょうがをのせます。

❺鍋にAを合わせて、熱し（電子レンジなら、耐熱容器にAを入れ、ラップなしで約1分加熱）、④にかけます。

いわしのトマト煮

盛りつけたまま加熱。彩りがきれいな1品です

調理時間15分

1人分208kcal

材料（２人分）

いわし……2尾（200g）

A
- 塩……………小さじ1/5
- こしょう…………少々
- 白ワイン……小さじ１
- しょうゆ……小さじ1/2

トマト……1個（200g）

にんにく……………1片

バター………………15g

バジル…………3～4枚

❶いわしは頭と内臓をとり、よく洗います。手開きをして骨をとり除き（a）、水気をふきます。Aをかけ、10分おきます。

❷トマトは種をとり、7～8㎜角に切ります。にんにくをみじん切りにし、バターと練り合わせます。

❸いわしを１人分ずつ皮を下にして皿に置き、にんにくバターを塗ります。トマトをのせ（b）、ひと皿につき ラップなし 約1分30秒 加熱します。

❹バジルを細切りにして、散らします。

a 中骨の上に親指を入れ、指を両側にすべらせて開きます。尾の手前で中骨を折り、骨をはずします。

b にんにくバターを塗ってから、トマトを全体にのせます。

えびのチリソース

中華鍋を使わなくても、本格的な仕上がり

調理時間20分
1人分180kcal

材料（2人分）	
えび	**200g**
A 塩	少々
A 酒	大さじ1
A かたくり粉	大さじ$\frac{1}{2}$
〈チリソース〉	
ねぎ	**10cm**
にんにく	**$\frac{1}{2}$片**
しょうが	**小1かけ（5g）**
酒	大さじ2
サラダ油	大さじ1
トマトケチャップ	大さじ1$\frac{1}{2}$
砂糖・豆板醤《トーバンジャン》	各小さじ$\frac{1}{2}$
しょうゆ・酢	各小さじ1
かたくり粉	大さじ$\frac{1}{2}$

❶えびは尾の1節を残して殻をむき、背わたをとって、尾の先を切ります（a）。えびにAをふって、よくもみ、水できれいに洗います（冷凍えびのくさみがとれ、格段においしくなる方法です）。水気はふきとります。

❷ねぎ、にんにく、しょうがはみじん切りにします。深めの器にチリソースの材料を合わせ、えびを混ぜます（b）。［ラップなし 約2分40秒］加熱します。よく混ぜて、盛りつけます。

a

尾の先を切り、水をしごき出して、くさみをとります。

b

えびやソースがはねるので、深い容器に入れます。

魚
かれい

かれいの煮つけ

煮くずれや、こげる心配がありません

材料（２人分）	
かれい	**２切れ（180ｇ）**
ねぎ	**1/2本**
しょうが	**１かけ（10ｇ）**
A　砂糖	大さじ1/2
A　みりん	大さじ1/2
A　しょうゆ	大さじ１
A　水	50cc
わかめ（塩蔵）	**20ｇ**

❶かれいは皮に切りこみを入れます。ねぎの白い部分は４～５㎝長さに切ります。ねぎの青い部分としょうがは包丁の腹でつぶし、香味野菜にします。

❷わかめはもどして、食べやすい大きさに切ります。Ａは合わせます。

❸深さのある盛り皿に、１人分ずつ、魚と香味野菜、白いねぎをのせて、Ａをかけます（ａ）。ひと皿につき ラップして 約２分 加熱します。

❹わかめを加えて、さらにひと皿につき ラップして 約１分 加熱します。香味野菜を除きます。

a

つけ合わせ用のねぎも一緒に加熱します。

ぎんだらをおいしく、目先を変えて

ぎんだらのザーサイ蒸し

調理時間**15分**

1人分**243kcal**

材料（2人分）

ぎんだら…… 2切れ(200g)*

A
- 塩 ……………小さじ1/4
- こしょう…………少々
- 酒 ……………大さじ1/2

ピーマン …………… 1個

ねぎ …………………1/2本

ザーサイ ……………15g

B
- 酒 ……………大さじ1
- しょうゆ……大さじ1/2
- スープの素…小さじ1/2

＊ほかにかれい、たら、ぎんむつが向きます。

❶ぎんだらは食べやすい大きさに切り、Aをかけて10分おきます。Bは合わせます。

❷ザーサイはせん切りにし、2～3分水につけて、塩抜きをします。

❸ピーマンは細切り、ねぎは5㎝長さの細切りにします。

❹皿に③を敷きます。魚の汁気をふき、Bをまぶして、のせます。ザーサイを散らし、残りのBをかけます（a）。ラップして 約3分30秒 加熱します。

a

野菜の上に、魚を重ならないように並べます。

魚
ぎんむつ

ぎんむつの中国風酒蒸し

ごま油の香りがきいたおいしい蒸しもの

調理時間15分

1人分323kcal

材料（２人分）

ぎんむつ… 2切れ(200ｇ)*
　塩 ……………小さじ1/3
しいたけ …………… 3個
ねぎ …………………1/2本
みつば ……………… 2本
　酒 ……………大さじ２
ごま油…………大さじ1/2
しょうゆ………大さじ１
レモン ………………1/2個

＊ほかに、ぎんだら、きんめだいなどがよく合います。

❶ぎんむつに塩をふって、10分おきます。

❷しいたけは薄切りにします。みつばは葉をつみ、茎は３㎝長さに切ります。ねぎは５㎝長さのせん切りにします。

❸魚の汁気をふき、皿に並べて、しいたけ、みつばの茎をのせます（ａ）。酒をふり［ラップして 約３分］加熱します。

❹皿に盛り、ごま油をかけて、ねぎとみつばの葉をのせます。しょうゆをかけ、レモンを切って添えます。

a

ゆでたけのこのせん切り50ｇを加えても。このときに一緒にのせます。

きんめだいの磯蒸し

わかめたっぷりで、磯の香りが味わえます

調理時間18分
1人分128kcal

材料（2人分）

きんめだい … **2切れ(200g)**
塩……………………少々
わかめ（塩蔵） ………**20g**
しいたけ …………… **2個**
A
- だし ………………150cc
- 酒 ……………大さじ1/2
- 塩 ……………小さじ1/6
- みりん………小さじ1/2
- うすくちしょうゆ……小さじ1/2

みつば ……………… **2本**
しょうが …… **1かけ(10g)**

❶きんめだいは1切れを半分に切り、塩をふって10分おきます。

❷わかめはもどして、食べやすい大きさに切ります。しいたけはそぎ切りにします。みつばは2～3㎝長さに切ります。Aは合わせます。

❸器に1人分ずつ、①、わかめ、しいたけ、みつばの茎を盛って、Aをそそぎます（a）。［ラップして 約5分］加熱します（1人分なら約3分加熱）。

❹しょうがをすりおろして、みつばの葉とともに、③にのせます。

a

レンジにかけられる盛り鉢に入れます。

魚
さけ

さけのマスタードソース

ソースをかけ、ブロッコリーも一緒に加熱します

調理時間10分
1人分343kcal

材料（2人分）

生さけ……**2切れ(200g)**
A ┌塩・こしょう……各少々
　 └白ワイン………大さじ2
生クリーム…………**50cc**
粒マスタード……小さじ2
ブロッコリー…………**50g**
　塩・こしょう……各少々
バター…………………10g
ミニトマト…………**4個**

❶さけは皿に並べ、Aをかけます。［ラップして 約2分］加熱します（a）。

❷ブロッコリーは小房に分けます。

❸生クリームとマスタードを混ぜます。

❹さけを盛り皿に1人分ずつ置き、③をのせます。ブロッコリーを添え、塩、こしょうをふり、バターを切ってのせます（b）。ひと皿ずつ、［ラップなし 約1分30秒］加熱します。

❺ミニトマトを切って、添えます。

a

汁気とともにくさみもとれるので、さけだけ先に加熱します。

b

汁気をきって、盛り皿へ。

さけのねぎ蒸し

ぽん酢しょうゆでさっぱりといただきます

調理時間15分
1人分169kcal

材料（2人分）	
さけ（甘塩）	**2切れ（200g）**
酒	大さじ2
ねぎ	**1本**
しょうが	**1かけ（10g）**
ぽん酢しょうゆ	小さじ2

❶さけは骨をとり、ひと口大に切ります。酒をふります。

❷ねぎは5㎝長さに切って、縦半分か4等分に切ります。しょうがは細切りにします。

❸盛り皿にねぎの半量を敷き、さけ、残りのねぎ、しょうがをのせます（a）。ラップして 4～5分 加熱します。

❹ぽん酢しょうゆをかけます。

a

盛り皿でチンすれば、1度に料理ができあがり。

さけの北海蒸し

相性のいいみそ味で、たっぷりの野菜を一緒に

調理時間10分
1人分378kcal

材料（2人分）

生さけ……2切れ(200g)
- みそ…………大さじ2
- みりん………大さじ2

キャベツ………2〜3枚
ピーマン……………1個
たまねぎ……1/2個(100g)
バター………………30g

❶キャベツとピーマンは1㎝幅に切り、たまねぎは7〜8㎜幅に切ります。

❷みそとみりんを合わせます。

❸さけは骨をとり、1切れを4〜5つのそぎ切りにします。

❹1人分ずつ、盛り皿に①の野菜を敷き、さけをのせます。さけに②を塗り、バターを切ってのせて(a)、ひと皿ずつふんわりとラップして 約3分30秒 加熱します（2皿一緒なら6〜7分加熱）。

さけは同じ大きさに切り、重ならないように並べます。

さけのテリーヌ

おもてなしや、持ち寄りパーティに活躍します

＊冷やし時間除く
調理時間15分
1人分439kcal

材料（2人分）

- 生さけ……2切れ（200g）＊
- A ┬ 塩…………小さじ1/5
　　├ こしょう……少々
　　└ 白ワイン……大さじ1
- 生クリーム…………80cc
- 赤ピーマン…………15g
- きゅうりのピクルス…15g
- エンダイブ…………適量

〈ソース〉
- マヨネーズ……大さじ2
- たまねぎ（すりおろす）…10g

＊さけはキングサーモンが向いています。脂肪分が多く、やわらかく仕上がります。

❶さけは骨と皮をとり除き、Aと一緒にクッキングカッターにかけます。ねばりが出て、なめらかになったら、生クリームを加えます。色が均一になるまで軽くカッターにかけます。ボールに移します。

❷赤ピーマンとピクルスを5mm角に切り、①に加えて混ぜます。

❸四角い器に②を入れ、トンと落として空気を抜きます（a）。ラップして約3分加熱します。

❹冷蔵庫で冷やします。1cm厚さに切り、エンダイブを敷いて盛ります。ソースを合わせて、添えます。
＊冷凍保存できます（約1か月間）。

a

器は約7×15cm、高さ5cm程度が適当です。大きい場合は、仕切り（ボール紙にラップを巻く）をするとよいでしょう。

さばのみそ煮

レンジなら、少量でもおいしくできます

調理時間 8分

1人分296kcal

材料（２人分）

さば………２切れ（200ｇ）

しょうが……１かけ（10ｇ）

A
- 砂糖…………大さじ１
- 酒 ……………大さじ１
- みりん………大さじ１
- みそ…………大さじ１
- しょうゆ ……大さじ½

❶さばは皮に２～３本切り目を入れます。しょうがは皮つきのまま薄切りにします。

❷器にさばを入れて、しょうがをのせ、Ａを合わせてかけます（ａ）。ラップして約５分加熱します。

❸皿に盛り、煮汁をかけます。

平らな皿に入れ、さばの底面全体が汁にひたるようにします。

さばのカレー味

さばのにおいが気にならず、おいしい

調理時間**20分**

1人分**378kcal**

材料（２人分）

さば……… 2切れ(200 g)
塩 ……………小さじ$\frac{1}{2}$
こしょう …………少々
小麦粉…………大さじ$\frac{1}{2}$
A 酢 ……………大さじ 1
A カレー粉 ……小さじ 1
A 砂糖 ………………少々
バター ………………20 g
じゃがいも ‥ 1 個(150 g)
パセリ ……………… 1 枝

❶さばに塩、こしょうをふり、15分おきます。Aは合わせます。

❷じゃがいもを洗い、水気がついたまま［ラップなし 約4分］加熱します。皮をむき、4つ割りにします。

❸さばの汁気をふき、小麦粉をまぶしてAをからめます。器に入れ、バターを切ってのせます（a）。［ラップなし 約3分］加熱します。

❹さばを皿に盛り、器に残った汁をかけて、じゃがいもとパセリを添えます。

a

ソテー感覚で仕上げたいので、
ラップはしません。

さわらのワイン風味

フランス料理を電子レンジで

調理時間15分
1人分265kcal

材料（2人分）	
さわら	**2切れ(160g)**
A 塩	小さじ$\frac{1}{4}$
A こしょう	少々
A 白ワイン	大さじ1
A **レモン汁**	**小さじ1**
B **たまねぎ(みじん切り)**	**20g**
B **きゅうりのピクルス(みじん切り)**	**10g**
B 白ワイン	大さじ2
バター	30g
きゅうりのピクルス	**1本**
レモン	**$\frac{1}{8}$個**
セルフィーユ	**少々**

❶さわらにAをかけ、10分おきます。

❷さわらの汁気をきり、皮を下にして、1人分ずつ盛り皿にのせます。Bを混ぜ合わせて、さわらにかけ、バターを切ってのせます（a）。

❸1人分につき ラップなし 約1分50秒 ずつ加熱します（2人分一緒なら約3分10秒）。ピクルスは4つに切り、レモンはいちょう切りにし、セルフィーユとともに飾ります。

a

バターが溶け、さわらからも汁気が出るので、ふちのある皿に入れます。

さんまのねぎ油風味

たっぷりのねぎと、最後にかけるごま油が味の決め手

調理時間20分
1人分337kcal

材料（２人分）

さんま……… 2尾(300ｇ)
- 塩 ……………小さじ1/4
- 酒 ……………大さじ２

ねぎ…………………… 1本
しょうが…大1かけ(15ｇ)
にんにく …………… 1片
えのきだけ…1/2袋(50ｇ)
しめじ………1/2袋(50ｇ)
ごま油…………大さじ１
ぽん酢しょうゆ….大さじ４

❶さんまは頭を落とし、内臓をとり除きます。１尾を３つに切って、皮に２～３本ずつ切り目を入れます。皿にのせ、塩、酒をふって10分おきます。
❷ねぎの青い部分はつぶし、しょうがは1/3かけを皮つきのまま薄切りにします。ねぎの白い部分、残りのしょうが、にんにくはみじん切りにします。
❸えのき、しめじはほぐします。
❹①に、ねぎの青い部分、しょうがの薄切りをのせ、③も一緒にのせて（ａ）、ラップして ５～６分 加熱します。
❺魚を盛り、みじん切りの香味野菜をかけ、きのこを添えます。ごま油を鍋で熱してかけ、ぽん酢しょうゆもかけます。

a

香味野菜のしょうがとねぎで、くさみをとります。

カリカリしらすのサラダ

カリッと加熱したしらすがおいしい

調理時間10分

1人分152kcal

材料（2人分）

しらす干し‥大さじ4（20g）

A
- サラダ油……小さじ1
- しょうゆ……小さじ½

キャベツ……2枚（120g）

しその葉……………5枚

❶しらすとAを混ぜ合わせ、皿に広げます（a）。［ラップなし 約1分］加熱し、混ぜてから、さらに［ラップなし 約1分］加熱してカリッとさせます。

❷キャベツはざく切りにし、レンジ用ポリ袋に入れるか、ラップで包み［約1分20秒］加熱します。ふきんなどで水気をとります。

❸しそは細切りにし、水に放して、水気をきります。

❹②③を混ぜて盛りつけ、①をのせます。

a

よく混ぜてから加熱します。

たいのゆず蒸し

短時間で蒸せるので口当たりがやわらか

調理時間12分

1人分152kcal

材料（2人分）

たい……1切れ（120g）*
- 塩……………………少々
- 酒……………大さじ1

こんぶ（7〜8㎝長さ）…2枚

とうふ……1/2丁（150g）

しいたけ……………2個

ねぎ…………………1本

ゆずの輪切り…………2枚

酒……………大さじ2

〈ぽん酢しょうゆ〉

しょうゆ………大さじ1

ゆずのしぼり汁……大さじ1

＊ほかに、きんめだい、ひらめが向きます。

❶たいは骨を除き、2〜4つのそぎ切りにして、塩、酒をふります。

❷とうふは2つに切ります。しいたけは軸をとって飾り切りをし、ねぎは7〜8㎜厚さの斜め切りにします。

❸1人分の盛り鉢にこんぶを敷き、ゆず、ねぎ、とうふ、しいたけを盛ります。たいの汁気を軽くとって加え、全体に酒をかけます（a）。

❹1個を［ラップして 約2分］加熱します（2個一緒なら3分30秒〜4分加熱）。

❺ぽん酢しょうゆを合わせてかけます。

a

くせのない素材で電子レンジにぴったり。そのまま食卓に出せます。

たらのサフラン蒸し

生だらを彩りよく、香りにアクセントをきかせて

調理時間20分

1人分174kcal

材料（２人分）	
たら	**2切れ（240ｇ）**
塩	小さじ1/4
こしょう	少々
たまねぎ	**60ｇ**
セロリ・にんじん	**各30ｇ**
サフラン	小さじ1/4
水	50cc
白ワイン	大さじ２
スープの素	小さじ1/2
バター	20ｇ

❶サフランは水につけます。たらに塩、こしょうをふります。

❷たまねぎは薄切り、セロリは斜め薄切りにします。にんじんは輪切りにして、型で抜きます。

❸サフラン水にワインとスープの素を加えます。

❹１人分ずつの皿に、たらと野菜を盛ります。③を皿にそそぎ、バターを切ってのせます（ａ）。１人分ずつふんわりとラップして、ひと皿につき 約４分30秒 加熱します。

a

みばえよく盛りつけ、そのまま食卓へ。

しらたきの真砂（まさご）煮

鍋で作ると、たらこがこびりついて大変

調理時間10分

1人分32kcal

材料（2人分）	
たらこ	**小1/2腹（40g）**
しらたき	**1/2玉（150g）**
さやえんどう	**5枚**
A 砂糖	小さじ1/3
A しょうゆ	小さじ1/2
A 酒	小さじ1/2

❶さやえんどうは筋をとり、熱湯でゆでます。同じ湯で、しらたきを1～2分ゆで、アクを抜きます。さやえんどうは斜め細切りにします。しらたきは食べやすい長さに切って、しっかりと水気をしぼります。

❷たらこは中身をしごき出し、皮をとり除きます。

❸器にしらたき、たらこ、Aを入れ、よく混ぜ合わせます。（a） ラップなし 約2分30秒 加熱して、さやえんどうを混ぜます。

a

しらたきに、たらこと調味料をまんべんなく混ぜます。

わたりがにの豆鼓（トーチ）蒸し

ビールにもぴったりのごちそう

調理時間15分

1人分158kcal

材料（2人分）

わたりがに（足・はさみの部分）…………300g

A
- しょうが…小1かけ（5g）
- にんにく…………$\frac{1}{2}$片
- 豆鼓《トーチ》…………大さじ1

B
- 水…………………50cc
- 砂糖…………大さじ1
- 紹興酒（または酒）…大さじ1
- ごま油………大さじ1
- かたくり粉…小さじ2
- しょうゆ……小さじ1
- こしょう…………少々

香菜《シャンツァイ》…………………少々

❶わたりがには水気をふき、足先は切ります。食べやすい大きさに切り、足とはさみに切りこみを入れます。

❷Aはみじん切りにします。

❸Bを大きめの耐熱容器に合わせ、かに、Aを入れて混ぜます（a）。ラップして 約3分 加熱します。混ぜて、さらに ラップして 約3分 加熱します。よく混ぜて器に盛り、香菜をのせます。

a

混ぜやすいように大きめの器で。加熱の途中でも混ぜて、味をなじませます。

貝 あさり

あさりの酒蒸し

アッという間に作れる貝の料理です

*砂抜き時間除く
調理時間 5 分
1人分 32kcal

材料（2人分）
- あさり（殻つき）……300ｇ
- 酒 …………… 大さじ1
- 万能ねぎ……… 2～3本

❶あさりは塩水（水カップ１に対し塩小さじ１の割合）に２時間つけて、砂抜きをします。殻をこすり合わせて洗い、汚れをとります。
❷万能ねぎは小口切りにします。
❸盛り皿にあさりをのせ、酒をふって（a）加熱します（口が開かない貝があれば、別皿にとってラップなしで約１分加熱します）。 〔ラップなし 約3分〕
❹ねぎを散らします。

a　貝が重ならないように、皿に広げます。

＊同様にして、あさりのワイン蒸しも作れます。
あさり300ｇに白ワイン大さじ１をかけ、バター10ｇをちぎってのせ、こしょう少々をふります。ラップなしで約３分加熱し、みじん切りの**パセリ少々**を散らします。

ほたてのにんにくバター

ワインによく合うおいしいソース

調理時間15分
1人分122kcal

材料（２人分）	
ほたて貝柱（生食用）	**3～4個(100g)**
白ワイン	大さじ½
たまねぎ	**25g**
にんにく	**½片**
塩・こしょう	各少々
パセリ	**少々**
バター	20g

❶ほたては厚みを半分に切り、皿に並べて、ワインをふります。

❷たまねぎ、にんにくはみじん切りにして、塩、こしょうと混ぜます。［ラップなし 約1分30秒］加熱します。

❸パセリをみじん切りにし、②に混ぜます。

❹ほたてに③をのせます。バターをちぎってのせ（a）［ラップなし 約1分］加熱します。

a

重ならないように並べれば、ムラになりません。

アスパラガスのトマトドレッシング

色鮮やかな組み合わせが魅力

調理時間10分
1人分122kcal

材料（2人分）

グリーンアスパラガス‥6本（150g）
トマト………1/2個（100g）
たまねぎ……………30g
A
- 酢……………小さじ2
- 塩・こしょう‥‥各少々
- サラダ油…大さじ1 1/2

（あれば）セルフィーユ‥少々

❶アスパラガスは洗って、根元を切り落とします。下のかたい部分は皮をむいて、長さを半分に切ります。水気がついたままラップに平らに包み、皿にのせて（a）約1分50秒 加熱し、すぐに広げてさまします。

❷トマトは種をとり除き、1㎝角に切ります。たまねぎはみじん切りにし、ふきんに包んで水の中でもみ、水気をしぼります。

❸Aを混ぜ、②と合わせます。

❹アスパラガスを盛りつけ、③をかけて、セルフィーユを飾ります。

a

アスパラガスは重ならないように並べると、火の通りがムラになりません。

かぶら蒸し

かぶで作る上品な味の京料理

調理時間15分

1人分121kcal

材料（2人分）

かぶ…………3個(300g)
卵白…………………1個分
うなぎのかば焼き……40g
ぎんなん（水煮）……6個
さやえんどう…………2枚

A
- だし…………………80cc
- うすくちしょうゆ…小さじ1/2
- みりん…………小さじ1/2
- 塩……………小さじ1/6

B
- かたくり粉…小さじ1弱
- 水……………大さじ1

❶かぶは皮をむき、すりおろします。軽く水気をきり、卵白を混ぜます。

❷うなぎは1cm幅に切ります。うなぎ、ぎんなん、①を混ぜて、1人分ずつ器に盛ります。

❸さやえんどうは筋をとり、斜め細切りにして、②の上に散らします（a）。［ラップして 約2分］ 2人分一緒に加熱します。

❹鍋にAを合わせて煮立てます。Bを合わせて加え、とろみをつけて、③にかけます。

a

レンジ加熱できる容器に盛りましょう。

和風煮ものもかんたんに

かぶの葉の煮びたし

調理時間 **8 分**

1人分**47kcal**

材料（２人分）

かぶの葉… 3 株分(150 g)
油揚げ……………………$\frac{1}{2}$枚

A ┌ だし…………大さじ３
　 │ しょうゆ……大さじ$\frac{1}{2}$
　 └ みりん ………小さじ２

❶かぶの葉は２～３㎝長さに切ります。

❷油揚げは熱湯をかけて油抜きをします。縦半分に切ってから、細切りにします。

❸器にＡを合わせ、①②を混ぜます。ラップで落としぶたをして、さらに皿をのせ（ａ） 約３分30秒 加熱します。

❹すぐに皿とラップをとり、さめるまでおいて味をなじませます。

a

加熱後はすぐに皿とラップをとって、余熱で色が悪くなるのを防ぎます。

かぼちゃの煮つけ

とても手軽にほっくりと煮えます

調理時間13分

1人分86kcal

材料（２人分）

かぼちゃ……………200g

A	だし	40cc
	みりん	大さじ１½
	しょうゆ	小さじ１
	塩	少々

❶かぼちゃは種をとって、３～４㎝角に切り、皮をところどころむきます。

❷Ａを合わせます。器に①とＡを入れ、ラップで落としぶたをし（ａ）、さらに器にラップをして 約４分 加熱します。上下を返し、 約４分 加熱します。

a

厚みがあるので、途中で上下を返し、全体が調味料に均一にひたるようにします。

調理時間15分

1人分270kcal

かぼちゃサラダ

かぼちゃの甘味とチーズの淡い酸味がほどよい

材料（２人分）

かぼちゃ	**240ｇ**
たまねぎ	**1/4個（50ｇ）**
塩	小さじ1/4
クリームチーズ	**30ｇ**
レーズン	**20ｇ**
A マヨネーズ	30ｇ
A 塩・こしょう	各少々

❶かぼちゃは種をとって、1.5㎝角に切り、皿にのせて（ａ）ラップして ４～５分 加熱します。少しさまします。

❷たまねぎは薄切りにして、塩でもみ、水気をしぼります。

❸クリームチーズは１㎝角に切ります。レーズンはぬるま湯で洗って、水気をふきます。

❹かぼちゃにたまねぎ、クリームチーズ、レーズン、Ａを加えて、ざっと混ぜます。

a

同じ大きさに切って、重ならないように並べると、加熱ムラができません。

野菜
かぼちゃ

ミニかぼちゃのホワイトソース詰め

皮が器代わり。ミニだとかんたんに火が通ります

調理時間20分

1人分534kcal

材料（2人分）

ミニかぼちゃ…2個（900g）
ハム…2枚
たまねぎ…1/4個（50g）
グリーンピース（水煮）…30g
A 生クリーム…カップ1/2
A 小麦粉…小さじ1
A スープの素…小さじ1/4

❶ミニかぼちゃは、へたから1/3くらいを切りとります。中の種をスプーンでくり抜きます。

❷かぼちゃのふたを本体にかぶせ、2個一緒に皿にのせ ラップなし 約8分 加熱します（1個ずつならラップなしで約5分加熱）。

❸ハムは5㎜角に、たまねぎはみじん切りにします。

❹③、グリーンピース、Aをよく混ぜて、かぼちゃに詰め、再びかぼちゃのふたをし、ラップなし 約6分 加熱します（1個ずつならラップなしで、約3分30秒加熱）。

a

かぼちゃのふたをすれば、ラップはいりません。

カリフラワーとブロッコリーのホットソース

一緒に加熱できるレンジ向きの野菜です

調理時間 **7分**

1人分**113kcal**

材料（2人分）

カリフラワー……**200g**
ブロッコリー……**150g**
にんにく……$\frac{1}{2}$**片**
アンチョビ……**2枚**
オリーブ油……大さじ1

❶カリフラワーとブロッコリーは小房に分けて、洗います。水気がついたまま器にのせて、ラップして 約3分 加熱します。

❷にんにくとアンチョビはみじん切りにします。耐熱容器ににんにく、アンチョビ、オリーブ油を入れ（a）、食べる直前に ラップして 約1分 加熱します。

❸②が熱いうちに、野菜をつけていただきます。

a

油分が入って高温になるので、耐熱容器を使い、ラップは油にふれないようにします。

えのきのレモンじょうゆかけ

シャキシャキとした歯ごたえがおいしい

調理時間 5 分
1人分11kcal

材料（2人分）

えのきだけ‥1 袋(100g)
かいわれだいこん
…………1/4パック(10g)
〈ぽん酢しょうゆ〉
しょうゆ…………小さじ1
レモン汁…………小さじ1
だし………………小さじ1/2
レモンの輪切り……… 2 枚

❶えのきだけは洗って、水気がついたまま皿にのせ（a）、ラップなし 約40秒 加熱します。
❷かいわれだいこんは半分に切ります。
❸ぽん酢しょうゆを合わせます。
❹盛り皿にレモンを敷き、えのきとかいわれだいこんを盛ります。ぽん酢しょうゆをかけていただきます。

ラップなしで短めに加熱すると、えのきだけのシャキシャキ感が生きます。

きのこのおろしあえ

きのこと煮汁を一緒に加熱

調理時間 8分

1人分33kcal

材料（2人分）	
なめこ	**½袋（50g）**
しいたけ	**3個**
しめじ	**½パック（50g）**
A しょうゆ	大さじ1
A みりん	大さじ½
A 酒	大さじ½
だいこんおろし	**120g**

❶なめこはさっと洗って、水気をきります。しいたけは薄切り、しめじは小房に分けます。

❷器にAを合わせ、①のきのこをよく混ぜます（a）。［ラップして 約2分］加熱し、混ぜます。

❸小鉢に②を盛り、だいこんおろしをのせます。

a

味をまんべんなくつけるため、加熱前とあとによく混ぜます。

手軽で朝食にピッタリ

キャベツとソーセージの蒸し煮

調理時間15分

1人分191kcal

材料（2人分）	
キャベツ	**200g**
バター	20g
ウィンナーソーセージ	**4本**
酢	大さじ½
スープの素	小さじ½
こしょう	少々

❶キャベツは5㎜幅に切り、大きめの耐熱容器に入れて、バターをちぎってのせます。［ラップして 約4分］加熱します。

❷ソーセージに切りこみを入れ、斜め半分に切ります。

❸①に、②、酢、スープの素、こしょうを混ぜて（a）［ラップして 約2分］加熱します。よく混ぜます。

a

ソーセージは切り目を入れると、皮がはじけません。

残り野菜で作れる即席漬け

キャベツの中国風漬けもの

調理時間 **9分**

1人分**52kcal**

材料（２人分）

キャベツ……**２枚(120ｇ)**
にんじん……………**15ｇ**
きゅうり……………$\frac{1}{2}$**本**
しょうが…**小１かけ(5ｇ)**
にんにく……………$\frac{1}{3}$**片**

A
しょうゆ……大さじ$\frac{1}{2}$
砂糖…………小さじ１
塩……………小さじ$\frac{1}{3}$
酢……………小さじ１
ごま油………小さじ１

❶キャベツは芯をとって、食べやすい大きさにちぎります。にんじんは薄い半月切り、きゅうりは縦半分に切ってから、斜め薄切りにします。

❷しょうがはせん切り、にんにくは薄切りにします。Aは合わせます。

❸器に野菜全部とAを合わせ（a）、ラップして約２分加熱します。すぐにラップをとってさまします。

a

加熱すると、野菜に味が早くしみこみます。

きゅうりのピリ辛漬け

すりこぎでたたくかわりに加熱で味をしみやすく

調理時間 **5分**

1人分**52kcal**

材料（2人分）	
きゅうり	**2本**
塩	少々
〈ピリ辛じょうゆ〉	
しょうゆ	大さじ1/2
酢	大さじ1
ごま油	大さじ1
砂糖	小さじ2
塩	小さじ1/2
赤とうがらし	1本
粒さんしょう	10粒

❶きゅうりは塩をまぶし、板ずりして、さっと洗います。6〜7㎝長さに切り、4つ割りにします。赤とうがらしは種をとって、小口切りにします。

❷器にピリ辛じょうゆを合わせ、きゅうりを入れて、ラップで落としぶたをします（a）。約1分30秒加熱します。ラップをはずし、さめてからいただきます。

a

きゅうりのシャキシャキ感を生かすために、ふた代わりのラップはしません。

ごぼうサラダ

相性抜群のマヨネーズ味で

調理時間15分

1人分102kcal

材料（２人分）

ごぼう ……………**100g**

┌水 ……………カップ１
└酢 ……………小さじ１

にんじん ……………**15g**

たまねぎ ……………**20g**

塩……………………少々

パセリ ………………**少々**

┌**カッテージチーズ**
│**（裏ごしタイプ）** ……**30g**
A マヨネーズ ……大さじ１
│砂糖…………小さじ1/2
└粒マスタード…小さじ1/2

❶ごぼうは皮をこそげ、長さを２～３つに切って、酢水に約５分さらします。

❷にんじんは４～５㎝長さのせん切り、たまねぎは薄切りにして、一緒に塩でもみます。５分ほどおいてから、水気をしぼります。

❸Ａを合わせます。

❹①をラップで包み、皿にのせ（ａ）［約３分］加熱します。まな板にのせて、すりこぎなどでたたきます（P.81ａ参照）。手で細くさき、４～５㎝長さに切ります。

a

ゆでるより、ごぼうの風味が残ります。

❺ごぼうと②をＡであえます。パセリを散らします。

たたきごぼう

たたいて味をしみこみやすく

調理時間10分

1人分80kcal

材料（２人分）	
ごぼう	**80ｇ**
水	カップ１
酢	小さじ１
〈ごま酢〉	
練りごま	大さじ１
砂糖	大さじ½
酢	大さじ½
だし	大さじ½
塩	少々

❶ごぼうは皮をこそげ、長さを２〜３つに切って、酢水に約５分さらします。

❷ごま酢をよく混ぜ合わせます。

❸①をラップで包み、皿にのせ（P.80ａ参照）約２分 加熱します。まな板にのせて、すりこぎなどでたたきます（ａ）。手でさき、４〜５㎝長さに切ります。

❹③をごま酢であえます。

a

味のしみこみをよくするために、すりこぎでたたきます。

こまつなのおひたし

すぐにさますと、きれいな色になります

調理時間10分
1人分11kcal

材料（2人分）	
こまつな	$\frac{1}{3}$束（100g）
けずりかつお	少々
しょうゆ	小さじ1
だし	小さじ2

＊おひたしといえば、ほうれんそうですが、ほうれんそうはアクが強く、レンジ加熱には不向きです。ゆでるのと違って、アクが抜けきりません。

❶こまつなは洗い、水気がついたままラップで包んで皿にのせ（a） 約1分10秒 加熱します。すぐに水にとり、ラップから出して（b）、さまします。水気をしぼり、3～4㎝長さに切って盛りつけます。

❷しょうゆとだしを合わせます。こまつなにかけ、けずりかつおをのせます。

ラップでぴったりと包みます。

加熱した野菜は熱いので、ラップごと水につけて、水中ではがします。

野菜
さつまいも

さつまいもの甘煮

おやつがわりにもなる手軽な一品

調理時間 **8分**
1人分**156kcal**

材料（2人分）

さつまいも…… 1本(200g)

A
- 水……………………50cc
- 砂糖…………大さじ2
- みりん………大さじ1/2
- 塩……………………少々

❶さつまいもは2㎝厚さの輪切りにし、皮を厚めにむいて、水にさらします。

❷器にAを合わせます。さつまいもを入れ、ラップで落としぶたをします（a）。さらに器にラップをして、 4分30秒～5分 加熱します。30分ほどおいて、味をなじませます。

さつまいもを平らな皿に並べ、ラップで落としぶたをして、調味料が全体にひたるようにします。

さつまいもとりんごの重ね煮

さつまいもが煮くずれしません

調理時間15分

1人分270kcal

材料（２人分）

さつまいも…… **1本(200ｇ)**
りんご………… **1個(200ｇ)**
砂糖……………大さじ２
レーズン…………**大さじ１**
バター…………………15ｇ

❶さつまいもは厚く皮をむき、５㎜厚さの半月切りにします。水にさらします。レーズンはぬるま湯につけ、２〜３分おきます。

❷りんごは皮をむき、１㎝厚さのいちょう切りにして、砂糖をまぶします。

❸大きめの耐熱容器にさつまいも、りんご、レーズンを入れ、バターを切ってのせます（ａ）。ふんわりとラップをして 約３分 加熱します。１度混ぜてから、再びラップをしてさらに 約３分 加熱します。

a

深い器に入れ、ラップとバターが直接ふれないようにします。

きぬかつぎ

小さい、かわいいおいもで作りたい

調理時間15分

1人分103kcal

材料（２人分）	
さといも(小さめのもの)	…150ｇ
〈練りみそ〉	
砂糖	……………大さじ１
みりん	…………大さじ１
赤みそ	…………大さじ２
ごま塩	………………少々

❶さといもはよく洗います。上$\frac{1}{3}$くらいのところで、皮にぐるりと切り目を入れます。ラップで包み、皿にのせます（ａ）。約２分 加熱し、上下を返して 約２分 加熱します。

❷切り目から上の皮をむきます。

❸練りみその材料を器に合わせ ラップなし 約１分 加熱します。よく混ぜます。

❹いもに練りみそをつけるか、ごま塩をのせて、いただきます。

ａ

さといもは洗ったら、水気をふかずにラップで包みます。

さといもの含め煮

レンジ加熱すると皮がとてもむきやすい

材料（２人分）

さといも …………**300 g**

A
- だし …………カップ1
- 砂糖 …………大さじ1
- みりん ………大さじ1
- しょうゆ ……大さじ1
- 塩 ……………小さじ1/5

ゆずの皮（せん切り） ……**少々**

❶さといもは洗って、水気がついたままラップで包みます。約１分30秒 加熱します。皮をむき（加熱しているので、むきやすい）、食べやすい大きさに切ります。

❷大きめの器にAを合わせます。①を入れ、ラップで落としぶたをします（a）。さらにレンジ用ふたか、ラップをして（b） 約８分 加熱します。ラップをしたまま、しばらくおいて、味をなじませます。

❸器に盛りつけ、ゆずの皮を散らします。

さといも全体が煮汁にひたるように、ラップでぴったりと落としぶたをします。

ふたつきのレンジ用容器があると便利です。

さといものそぼろ煮

子どもにもお年寄りにも喜ばれる味

調理時間13分

1人分138kcal

材料（２人分）

さといも……………**200ｇ**
とりひき肉…………**50ｇ**

A
- 砂糖…………大さじ１
- 酒……………大さじ１
- しょうゆ……大さじ１
- 水……………大さじ３
- かたくり粉…小さじ１

しょうが…**１かけ（10ｇ）**

❶さといもは洗い、水気がついたままラップで包んで、皿にのせます（ａ）。4〜5分 加熱します。皮をむいて（加熱しているので、むきやすい）、ひと口大に切ります。

❷大きめの器に、Ａとひき肉を入れ、よく混ぜます。さといもを加えて混ぜ（ｂ）、ラップして 約3分 加熱します。よく混ぜます。

❸しょうがをせん切りにして、のせます。

ａ 加熱ムラを作らないため、さといもはラップをします。

ｂ かたくり粉がダマにならないように、全体をよく混ぜます。

さやいんげんのごまあえ

広げてさますと緑色がきれいに

調理時間 **7分**

1人分 **41kcal**

材料（2人分）	
さやいんげん	**80g**
A すりごま（白）	大さじ2
A 砂糖	小さじ1
A しょうゆ	小さじ1
A だし	小さじ1

❶さやいんげんは洗って、筋をとります。水気がついたままラップで包み（a） 約1分30秒 加熱します。広げてさまし、3～4㎝長さの斜め切りにします。

❷Aを混ぜ、さやいんげんをあえます。

a

ムラなく加熱できるよう、平らに広げます。

ししとうと糸こんにゃくのピリ辛煮

おべんとうのおかずにも、おつまみにも

調理時間10分
1人分37kcal

材料（２人分）

ししとうがらし……６本
糸こんにゃく…½袋（100g）

A
- 砂糖…………大さじ½
- しょうゆ……大さじ１
- 酒……………大さじ１
- ごま油………小さじ½
- けずりかつお……少々
- 一味とうがらし…少々

❶ししとうはへたをとり、５㎜幅の小口切りにします。

❷糸こんにゃくはさっとゆでてアクを抜きます。食べやすい長さに切ります。

❸器にＡを合わせ、こんにゃく、ししとうを混ぜます（a）。［ラップなし 約４分］加熱します。よく混ぜます。

ラップなしで加熱して、カラリと仕上げます。

ポテトサラダ

丸ごとのおいもも、すぐゆでられます

調理時間20分

1人分191kcal

材料（２人分）

じゃがいも…大1個(200g)

A
- 塩……………小さじ1/8
- こしょう…………少々
- 酢……………小さじ２

にんじん……………50g

たまねぎ……………30g

塩……………小さじ1/8

きゅうり……………1/2本

塩……………小さじ1/8

B
- マヨネーズ…大さじ2 1/2
- 練りがらし…小さじ1/4

塩・こしょう……各少々

❶じゃがいもは洗って、水気がついたまま皿にのせ（a）、［ラップなし 約4分］加熱します。皮をむき、いちょう切りにして、熱いうちに、Aを混ぜます。

❷にんじんは２㎜厚さのいちょう切りにして、器に入れ、［ラップして 約２分］加熱します。

❸たまねぎは薄切りにし、塩でもんで、水気をしぼります。きゅうりは小口切りにし、塩をまぶして、５分おきます。水気をしぼります。

❹野菜全部をBであえ、塩、こしょうで味をととのえます。

じゃがいもは皮つきならラップがいりません。

ベーコンポテトサラダ

ボリュームたっぷり。ビールに合います

材料（２人分）

じゃがいも…大1個(200g)
ベーコン……………1枚
たまねぎ……………30g

A
- 酢…………大さじ$1\frac{1}{2}$
- 塩……………小さじ$\frac{1}{3}$
- こしょう…………少々
- サラダ油……大さじ$1\frac{1}{2}$

(あれば)サラダ菜……少々

❶ベーコンは細く切り、ペーパータオルではさんで［ラップなし 約1分］加熱します。たまねぎはみじん切りにし、水にさらして、水気をきります。

❷Aを合わせて、①を混ぜます。

❸じゃがいもは洗って、水気がついたまま皿にのせ（P.90 a参照）［ラップなし 約4分］加熱します。皮をむき、いちょう切りにします。

❹じゃがいもが熱いうちに、②であえます。

調理時間10分
1人分149kcal

調味料はバターだけ

じゃがいもの めんたいあえ

材料（２人分）

じゃがいも…大1個(200g)
めんたいこ…½腹(40g)
バター……………………15g
焼きのり(細切り)….少々

❶じゃがいもは洗って、水気がついたまま皿にのせ（a）［ラップなし 約４分］加熱します。皮をむき、1㎝角に切ります。

❷めんたいこは中身をしごき出し、皮をとり除きます。

❸バターを器に入れ、［ラップなし 約30秒］加熱して、溶かします。②を加えて、混ぜます。

❹じゃがいもを③であえます。のりを飾ります。

a

じゃがいもは皮つきならラップがいりません。

しゅんぎくと しめじのあえもの

手軽に季節の味が楽しめます

調理時間10分

1人分16kcal

材料（２人分）

しゅんぎく…………**100ｇ**

しめじ…½**パック（50ｇ）**

〈ぽん酢しょうゆ〉

しょうゆ…………大さじ½

だし…………大さじ１強

ゆずのしぼり汁…小さじ１

ゆずの皮（細切り）…少々

❶しゅんぎくは洗い、根元のかたい部分を除いて、４cm長さに切ります。水気がついたままラップで包み、皿にのせて 約１分30秒 加熱します。

❷すぐにラップごと水にとり、水の中でラップをはずしてさまします（a）。水気をしぼります。

❸しめじは小房に分け、器に入れて ラップして 約１分 加熱します。

❹ぽん酢しょうゆを合わせます。しめじをぽん酢しょうゆであえてから、しゅんぎくも加えて混ぜます。器に盛り、ゆずの皮を飾ります。

青菜は余熱で色が悪くならないよう、加熱したらすぐに水にとってさまします。

1分加熱して、調味料と合わせるだけ

ズッキーニのナムル

調理時間 8分

1人分37kcal

材料（2人分）

ズッキーニ …1本(150g)

塩……………小さじ1/4

ごま油…………小さじ1

A
- **ねぎ(みじん切り)…. 5cm**
- しょうゆ…小さじ1弱
- すりごま(白)‥小さじ1

❶ズッキーニは5㎜厚さの輪切りにします。塩をふって約5分おき、形をくずさないよう両手ではさんで水気をしぼります。

❷ズッキーニにごま油をまんべんなくまぶしてから、皿に広げます（a）。［ラップなし 約1分］加熱します。

❸Aを合わせ、②をあえます。

a

平らな器に並べます。

タアサイのオイスターあんかけ

アクが少ないので、タアサイもレンジに適した素材です

調理時間12分

1人分67kcal

材料（２人分）

タアサイ	**１株（200ｇ）**
A 塩	小さじ$\frac{1}{8}$
A ごま油	小さじ２
B オイスターソース	大さじ$\frac{1}{2}$
B 水	大さじ３
B 砂糖	小さじ$\frac{1}{2}$
B かたくり粉	小さじ$\frac{1}{2}$
B しょうゆ	小さじ$\frac{1}{2}$

❶タアサイは５～６㎝長さに切ります。レンジ用ポリ袋にＡと一緒に入れ、上下にふって混ぜます。袋の口を下にして皿に置き（ａ） 約２分30秒 加熱します。すぐにポリ袋から出し、水気をきります。

❷鍋にＢを混ぜ合わせ、ひと煮立ちさせます。（電子レンジなら、ラップなし約１分加熱後、よく混ぜます）。

❸タアサイを盛り、Ｂをかけます。

a

ポリ袋に入れたら、口を下にして皿にのせ、平らにします。

だいこんの甘酢漬け

1分30秒で漬かります

＊さまし時間除く
調理時間 5分
1人分81kcal

材料（２人分）	
だいこん	**200ｇ**
〈甘酢〉	
砂糖	大さじ２
酢	大さじ２
みりん	大さじ１
塩	小さじ１
赤とうがらし	１本
ごま油	少々

❶赤とうがらしは種をとって、小口切りにします。

❷だいこんは４㎝長さに切り、７～８㎜角の拍子木切りにします。

❸皿に甘酢の材料を合わせ、だいこんを加えて（ａ）、ラップなし 約１分30秒 加熱します。さめてからいただきます。

a

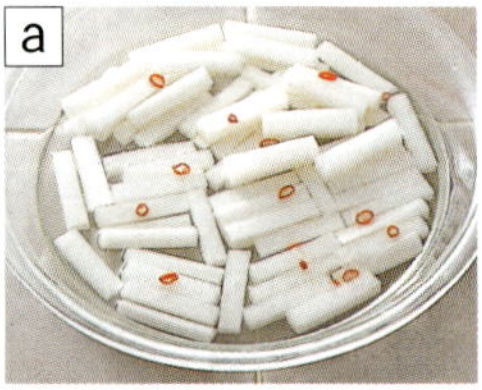

加熱ムラがないよう、同じ大きさに切って、甘酢につけます。

たけのこのかか煮

かあさんの味をレンジで

調理時間10分

1人分61kcal

材料（2人分）

ゆでたけのこ	150g
けずりかつお	4g
A みりん	大さじ1 1/2
A しょうゆ	大さじ1
A 水	大さじ2

❶たけのこは5㎜厚さの、食べやすい大きさに切ります。

❷器にAと3/4量のけずりかつおを混ぜ、①を加えてよく混ぜます（a）。

❸ ラップして約6分 加熱します。よく混ぜます。

❹器に盛り、残りのけずりかつおをのせます。

よく混ぜると、ムラなく味がつきます。

水にさらさなくても辛味がとれます

たまねぎのおかかあえ

＊さまし時間除く
調理時間 5 分
1人分23kcal

材料（2人分）

たまねぎ……½個(100 g)

A
- 酢……………大さじ1
- 砂糖…………小さじ⅓
- だし…………小さじ2
- しょうゆ……小さじ1

けずりかつお…大さじ1

❶たまねぎは薄切りにします。

❷Aを合わせます。

❸皿に①を広げ（a） ラップなし 約2分 加熱します。熱いうちにAをかけ、そのままさまします。

❹器に盛り、けずりかつおをのせます。

a

加熱することで、たまねぎの辛味がとれて食べやすくなります。

チンゲンサイのかにあんかけ

かにあんもレンジで手軽に

調理時間10分

1人分65kcal

材料（2人分）

チンゲンサイ……**2株（200g）**

- サラダ油……大さじ1/2
- 塩……小さじ1/4

〈かにあん〉

かに缶（正味）……**50g**

酒……大さじ1

中華スープの素……小さじ1/2

かたくり粉……小さじ2

砂糖・塩……各少々

水……カップ1/2

❶チンゲンサイは葉と軸に分け、葉は幅を2〜3等分に、軸は1.5㎝幅に切ります。チンゲンサイを皿に並べ、油、塩をまぶします（a）。［ラップして 約2分30秒］加熱します。すぐにラップをはずします。

❷かにあんの材料を器に合わせ、よく混ぜます（b）。［ラップして 約2分］加熱します。よく混ぜます。

❸チンゲンサイの水気をきって皿に盛り、②のかにあんをかけます。

油と塩をまんべんなくまぶします。

ダマができやすいので、よく混ぜ合わせてから加熱。加熱後もよく混ぜます。

なすの土佐じょうゆ

蒸しなすはレンジの得意料理です

調理時間10分
1人分17kcal

材料（2人分）	
なす	**2本（150g）**
けずりかつお	少々
しょうが（すりおろす）	**少々**
〈土佐じょうゆ〉	
しょうゆ	小さじ2
水	大さじ1$\frac{1}{2}$
けずりかつお	$\frac{1}{3}$パック（1g）

❶なすはへたを切り落とし、皮をむいて、水に2〜3分さらします。

❷水気がついたままラップに包み、皿にのせて（a）［約2分］加熱します。そのままさまし、手で縦にさいて、食べやすい長さに切ります。器に盛ります。

❸器に土佐じょうゆの材料を合わせ（b）、［ラップなし 約30秒］加熱します。茶こしでこしながら、なすにかけます。

❹けずりかつおとしょうがをのせます。

a 皮をとりたいときは、加熱前にむいておきます。

b 少量の土佐じょうゆがあっという間に作れます。

なすのごま酢だれ

よく冷やすと、いっそう美味

調理時間 5 分

1人分67kcal

材料（２人分）	
なす	**2本(150g)**
〈ごま酢だれ〉	
酢	大さじ１
練りごま	大さじ１
だし	大さじ½
砂糖	小さじ１
しょうゆ	小さじ１

❶なすは洗ってへたをとり、水気がついたまま、ラップに包みます。皿にのせて（a） 約２分 加熱します。さめたら手でさいて、器に盛ります。

❷ごま酢だれをよく混ぜ、①にかけます。

a

水気をふかずに、ラップでぴったり包みます。

なすの肉みそかけ

肉みそは多めに作っておくと重宝します

調理時間 **7分**

1人分**104kcal**

材料（２人分）	
なす	**2本（150g）**
赤とうがらし	1/4本
〈肉みそ〉	
豚ひき肉	**50g**
ねぎ	**5cm**
赤みそ	大さじ1/2（10g）
砂糖	大さじ1/2
しょうゆ	大さじ1/2
酒	大さじ1
だし	大さじ1

❶なすは洗ってへたをとり、水気がついたままラップで包みます（a）。皿にのせ（P.101a参照）［約2分］加熱します。さめたら手でさいて、器に盛ります。

❷赤とうがらしは種をとり除き、小口切りにします。

❸ねぎはみじん切りにします。器に肉みその材料を混ぜ（a）、［ラップして約2分］加熱します。もう1度混ぜてから、なすにかけます。赤とうがらしを飾ります。

a

よく混ぜてから、レンジ加熱します。

なすのピリ辛あえ

油をまぶしてうま味をアップ

調理時間10分
1人分187kcal

材料（2人分）

なす…………4本（280g）
　サラダ油……大さじ2

〈ピリ辛だれ〉
ねぎ……………………1/3本
しょうが……小1かけ（5g）
しょうゆ………大さじ2
砂糖……………大さじ1
酢………………大さじ1
一味（または七味）とうがらし
……………………少々

❶なすは乱切りにします。油を全体にまぶし、耐熱容器に広げて入れます（a）。ふんわりとラップして 約6分 加熱します。

❷ねぎとしょうがはみじん切りにします。ピリ辛だれを合わせます。

❸①が熱いうちに、ピリ辛だれを混ぜます。

a

なすは切ったらすぐに調理すれば、水にさらさなくても色が変わりません。

菜の花のからしあえ

ほろにがさと辛味がマッチした伝統の味

調理時間 **4 分**

1人分**14kcal**

材料（２人分）	
菜の花	………½束（100g）
〈からしじょうゆ〉	
練りがらし	………小さじ½
しょうゆ	…………小さじ２
だし	……………小さじ１

❶菜の花は洗って、茎のかたい部分は除きます。水気がついたまま、ラップで包み、皿にのせます（a）。約1分10秒 加熱します。すぐにラップごと水にとってさまし、水の中でラップをはずします。

❷水気をしぼって、3㎝長さに切ります。からしじょうゆを合わせ、菜の花をあえます。

交互に並べて包み、加熱ムラのないようにします。

冷蔵庫に残りがちな野菜を使って

にらとえのきのごまあえ

調理時間 **7分**

1人分**48kcal**

材料（２人分）

にら …………… 1束(100g)

えのきだけ…$\frac{1}{2}$パック(50g)

A
- すりごま(白)…大さじ1$\frac{1}{2}$
- しょうゆ………大さじ$\frac{1}{2}$
- みりん…………小さじ$\frac{1}{2}$
- ごま油…………小さじ$\frac{1}{2}$

❶にらは２～３㎝長さに切り、えのきは半分に切ります。Ａは合わせます。

❷にらとえのきをレンジ用ポリ袋に入れて、皿にのせます（ａ）。約１分20秒 加熱します。すぐに袋ごと水につけてさまし、袋から出してざるにとります。

❸②をＡであえます。

ポリ袋に入れた場合、加熱途中に口が開かないよう、袋の口を下にして置きます。

ねぎのサラダ

ねぎだけでおしゃれな一品に

調理時間15分
1人分115kcal

材料（2人分）

ねぎ（白い部分）……… 2本

A
- 水……………カップ$\frac{1}{2}$
- 白ワイン……大さじ2
- スープの素……小さじ1

〈ドレッシング〉

ワインビネガー（または酢）
……………………大さじ1
塩……………………小さじ$\frac{1}{6}$
サラダ油…………大さじ2
（あれば）ピンクペッパー
……………………小さじ$\frac{1}{2}$

❶ねぎは4㎝長さに切ります。皿にAを合わせ、ねぎを平らに並べて、ラップで落としぶたをし（a）、さらに皿にラップをして 約6分 加熱します。ラップをしたままさまします。時々、ねぎの上下を返します。

❷ドレッシングを合わせます。ねぎを器に盛り、ドレッシングをかけます。

a

ねぎ全体に汁がまわるように、ラップで落としぶたをします。

はくさいのゆずロール

大きな鍋がなくてもゆでられる

調理時間15分

1人分12kcal

材料（２人分）

はくさい…… 2 枚(150 g)

ゆずの皮(細切り)‥‥少々

A
- しょうゆ……小さじ１
- 酢……小さじ$\frac{1}{2}$
- だし……小さじ１

❶はくさいは芯の厚みをそいで、厚さを均一にします。洗って、水気がついたまま、ラップで包みます。皿にのせます（a）。約２分 加熱します。

❷巻きすの上にはくさいを置き、ゆずの皮を中央にのせます。巻いて、水気をしぼります。

❸食べやすい長さに切って盛りつけます。Aを合わせて、かけます。

加熱すると水分が出るので、
皿にのせます。

ピーマンの塩こんぶあえ

調味料も時間も節約。アッという間にできる

調理時間 **3 分**

1人分**12kcal**

材料（2人分）	
ピーマン	**2個**
塩こんぶ(細切り)	**5g**

❶ピーマンは細切りにします。

❷皿にピーマンと塩こんぶを平らに入れ（a）、ラップして 1分～1分30秒 加熱します。混ぜます。

a

塩こんぶは味つけも兼ねているので、まんべんなく混ぜます。

ピーマンともやしのごま酢

カラーピーマンを使って色鮮やかに

調理時間10分

1人分54kcal

材料（2人分）

ピーマン ……………… **1個**
赤ピーマン…………**小$\frac{1}{2}$個**
もやし …………………**150g**
酒……………大さじ$\frac{1}{2}$
A すりごま(白)…大さじ1$\frac{1}{2}$
A 砂糖…………小さじ1
A しょうゆ ……小さじ2
A 酢 ……………小さじ2

❶もやしはひげ根をとります。ピーマンはもやしと同じくらいの太さに切ります。

❷皿にもやしとピーマンを入れ、酒をふります（a）。ラップして約2分 加熱します。水気が出るのでざるに広げ、さまします。

❸Aを合わせ、②をあえます。

a

加熱ムラにならないよう、ピーマンはもやしと同じくらいの太さに切ります。

ほうれんそうとベーコンのサラダ

カリカリベーコンはレンジにおまかせ

調理時間15分

1人分240kcal

材料（２人分）

サラダ用ほうれんそう
……………**１袋(100g)**
たまねぎ………………**30g**
ベーコン………………**3枚**

A
- 酢…………大さじ$1\frac{1}{2}$
- 塩……………小さじ$\frac{1}{4}$
- 粒マスタード…小さじ$\frac{1}{2}$
- こしょう(あらびき)……少々
- サラダ油……大さじ２

❶ほうれんそうは5㎝長さに切ります。たまねぎは薄切りにし、水にさらして、水気をきります。

❷ベーコンは7～8㎜幅に切り、皿にのせます（a）。

ラップなし 約３分 加熱します。

❸野菜を皿に盛り、ベーコンをのせます。ベーコンから出た脂にAをよく混ぜ、かけていただきます。

ベーコンから出た脂も、ドレッシングとして使います。

れんこん蒸し

上品な味が懐石風

調理時間12分

1人分83kcal

材料（2人分）

- **れんこん** ……………150g
- **粉末やまいも** …1/2袋（5g）
  （または**やまのいも15g**をすりおろす）
- **えび** ………… 2尾（60g）
- **しいたけ** ……………… 2個
- **みつば** ………………… 2本
- A
  - だし ……………150cc
  - 塩……………小さじ1/6
  - うすくちしょうゆ ・小さじ1/2
  - みりん ………小さじ1/2
- かたくり粉 ……小さじ1
  水 ……………小さじ2
- （好みで）練りわさび ……少々

❶えびは殻をむき、背わたをとって、半分に切ります。しいたけは薄切りにします。

❷みつばは3㎝長さに切ります。

❸れんこんは皮をむき、すりおろします。

❹③に、①とみつばの茎、粉末やまいもを混ぜ合わせ、ひとり分ずつ器に盛ります（a）。ラップして約2分30秒加熱します。

❺Aを鍋で熱し、煮立ったら、水どきかたくり粉でとろみをつけます。④にかけ、みつばの葉をのせます。好みでわさびを添えます。

レンジ加熱できる器に、見ばえよく盛ります。

れんこん

れんこんサラダ2種
ほどよい歯ごたえ

調理時間15分
1人分
めんたいこ168kcal
からし145kcal

材料（2人分）

〈めんたいマヨネーズ〉
れんこん……………150g
水……………カップ1
酢……………小さじ1
からしめんたいこ…1/2腹（40g）
マヨネーズ……大さじ2 1/2

〈からしマヨネーズ〉
れんこん……………150g
水……………カップ1
酢……………小さじ1
マヨネーズ……大さじ2 1/2
練りがらし……小さじ1/2
塩………………………少々

〈めんたいマヨネーズ〉

❶器に酢水を用意します。れんこんの皮をむき、薄いいちょう切りにして、酢水につけます（a）。酢水ごと ラップして約3分 加熱します。

❷めんたいこは中身をしごき出し、皮をとり除いて、マヨネーズとよく混ぜます。

❸れんこんの水気をきり、②であえます。

〈からしマヨネーズ〉

❶めんたいマヨネーズの①と同様にします。

❷マヨネーズ、練りがらし、塩をよく混ぜます。

❸れんこんの水気をきり、②であえます。

a
酢水につけると、れんこんの色が白く仕上がります。

酢れんこん

厚さをそろえて切るのがコツ

＊さまし時間除く
調理時間 8 分
1人分49kcal

材料（2人分）

れんこん……………100g

- 水……………カップ1
- 酢……………小さじ1

〈甘酢〉

砂糖……………大さじ2

酢………………大さじ4

だし……………大さじ4

塩………………小さじ1/3

赤とうがらし………1/2本

❶れんこんは皮をむき、5～6㎜厚さの輪切りにします。酢水につけます。

❷赤とうがらしは種をとり除き、小口切りにします。

❸器に甘酢を合わせます。れんこんの水気をきって、甘酢にひたし（a）、ラップして 約2分 加熱します。

❹赤とうがらしを加え、さまします。

a

全体が甘酢にひたるように、並べます。

ラタトゥイユ

野菜たっぷり、冷やしてもおいしい

＊つけおき時間除く
調理時間13分
1人分113kcal

材料（２人分）

- ズッキーニ……$\frac{1}{2}$本（75g）
- なす…………１本（70g）
- トマト………$\frac{1}{2}$個（100g）
- 赤ピーマン…大$\frac{1}{2}$個（70g）
- 黄ピーマン…大$\frac{1}{2}$個（70g）
- たまねぎ……$\frac{1}{4}$個（50g）
- にんにく……………$\frac{1}{2}$片
- A
  - 白ワイン……大さじ$\frac{1}{2}$
  - オリーブ油…大さじ１
  - ローリエ…………１枚
  - オレガノ（乾燥）……少々
  - 塩……………小さじ$\frac{2}{3}$
  - スープの素…小さじ$\frac{1}{3}$

❶野菜はそれぞれ2〜3㎝角に切ります。にんにくはみじん切りにします。

❷深めの耐熱容器にAを合わせ、①を混ぜます。ラップで落としぶたをして（a）、さらに器にラップをして 約８分 加熱します。ラップをしたまま30分〜１時間おいて、味をよくなじませます。

a

煮汁に野菜がひたるようにします。

ピクルス

味が早くなじみ、さめれば食べごろ

＊さまし時間除く
調理時間15分
1人分102kcal

材料（2人分）

カリフラワー………**150g**
きゅうり………………**1本**
にんじん……………**1/4本**
セロリ………………**1/2本**

A
- 赤とうがらし………1本
- 砂糖…………………60g
- 塩……………大さじ1/2
- 酢・水…………各150cc
- ローリエ……………1枚
- こしょう（粒）………8粒
- （あれば）クローブ（粒）…3粒

❶カリフラワーは小房に分けます。きゅうりは2cm長さに切ります。にんじんは輪切りにし、抜き型で抜きます。セロリは筋をとり、3cm長さに切って、縦半分にします。

❷赤とうがらしは半分に切り、種をとり除きます。Aを深めの器に合わせ、①を加えます。ラップで落としぶたをし（a）、さらに器にラップをして 約5分 加熱します。さめてからいただきます。

＊冷蔵で約1週間保存できます。

a

ラップをし、汁にひたっているようにします。

とうふ茶きん

蒸し器いらずでグンと速い

調理時間15分

1人分210kcal

材料（２人分）

- **もめんどうふ……⅔丁（200g）**
- **うなぎのかば焼き…½串（50g）**
- **にんじん……………………20g**
- **枝豆（ゆでたもの）……20粒**
- A
  - **卵……………………½個**
  - かたくり粉……大さじ１
  - 酒……………………大さじ１
  - 塩……………………小さじ¼
- B
  - だし…………………150cc
  - みりん・しょうゆ……………各小さじ１
- かたくり粉……小さじ１
- 水……………………小さじ２
- **ゆず（細切り）………少々**

❶とうふはペーパータオル2枚で包み、皿にのせて、［ラップなし 約2分］加熱し（P.155参照）、水気をきります。

❷うなぎは1cm幅に切ります。にんじんは2cm長さのせん切りにします。

❸①のとうふをくずし、Aとよく混ぜます。②と枝豆を加えて混ぜます。

❹2つの器（茶碗など）にラップを広げ、③を入れます。茶きんにしぼり、細く切ったラップで口を結びます（a）。２つ一緒に［約3分］加熱します（１個なら約 1分40秒）。

a

茶碗を型にして、丸く形づくります。

❺鍋にBを煮立たせ、水どきかたくり粉でとろみをつけます。

❻④のラップをはずし、⑤をかけ、ゆずをのせます。

なめこ煮やっこ

アッという間のおそうざい

材料（２人分）

絹ごしどうふ	1丁（300g）
なめこ	1袋（100g）
万能ねぎ	2～3本
しょうが	少々
A だし	カップ1
A みりん	大さじ1
A 酒	大さじ1
A しょうゆ	大さじ1強

❶とうふはざるにのせて、軽く水気をきります。半分に切ります。なめこは洗ってぬめりをとり、水気をきります。

❷Aを合わせます。

❸深めの器２個に、とうふ、なめこ、Aを入れます（a）。ラップして 約4分30秒 ２つ一緒に加熱します（１個なら約2分30秒加熱）。

❹万能ねぎは小口切りにし、しょうがはすりおろします。とうふの上にのせます。

a

レンジ加熱できる器を使えば、そのまま食卓に出せます。

生揚げのきのこあんかけ

きのこあんは、材料を合わせてレンジにかけるだけ

調理時間10分
1人分198kcal

材料（2人分）	
生揚げ	**1枚（200g）**
〈きのこあん〉	
しいたけ	**2個**
しめじ	**$\frac{1}{2}$パック（50g）**
えのきだけ	**$\frac{1}{2}$パック（50g）**
A だし	カップ$\frac{1}{2}$
A しょうゆ	大さじ$1\frac{1}{2}$
A みりん	大さじ$1\frac{1}{2}$
A かたくり粉	小さじ2

❶しいたけは薄切り、しめじは小房に分け、えのきは長さを半分に切ってほぐします。

❷生揚げは長さを半分に切り、さらに4切れずつに切ります。皿に盛り、［ラップなし 約2分］加熱します。

❸器にきのこあんを合わせ、①を入れて混ぜます。［ラップして 約2分］加熱、混ぜてから（a）［ラップして 約1分］加熱します。再び混ぜてから生揚げにかけます。

a

加熱前後、途中にもよく混ぜて、まんべんなくとろみがつくようにします。

信田（しのだ）もち

1分レンジにかけるだけ

材料（２人分）

油揚げ…………**2枚（90g）**
切りもち……**2個（100g）**
プロセスチーズ……**60g**
けずりかつお…大さじ4
しょうゆ………小さじ1/2
しその葉………………**4枚**

＊油揚げは手揚げ風のやわらかいタイプを使うと、しっとり仕上がります。

❶油揚げは熱湯をかけて油抜きします。半分に切り、中を開いて袋状にします。

❷もちは半分に切り、チーズは４等分にします。けずりかつおとしょうゆを混ぜます。しその葉は軸を切ります。

❸油揚げに、チーズ、しその葉、もち、けずりかつおを入れ、ようじでとめます。皿にのせ（ａ）、［ラップなし 約1分30秒］加熱します（1個なら約30秒加熱）。さわって、もちがかたいようなら、さらに20秒ずつ加熱します。

a

もちは加熱しすぎると食感が変わるので、ようすを見ながら少しずつ加熱します。

卵の鉢蒸し

なめらかな中国風茶碗蒸しがスピーディーに

調理時間**18分**

1人分**121kcal**

材料（２人分）	
卵	**2個**
A 中華スープの素	小さじ１
A 水	カップ２
A 塩	小さじ$\frac{1}{3}$
ほたて缶詰（フレーク）	**小$\frac{1}{2}$缶（35g）**
しょうゆ	少々
かたくり粉	小さじ$\frac{1}{2}$
水	小さじ２
ごま油	小さじ$\frac{1}{2}$
香菜《シャンツァイ》（またはみつば）	**適量**

❶鍋にＡを合わせ、ひと煮立ちさせます。少しさまします。

❷卵を割りほぐし、Ａを320cc加えて混ぜます。鉢に入れ、アルミホイルをかぶせます（ａ）。

約４分 加熱します。中央まで、白っぽく固まったら、アルミホイルをしたまま５分ほどむらします。

❸残りのＡに、ほたてを入れ、火にかけます。沸とうしたら、しょうゆを入れ、水どきかたくり粉でとろみをつけて、ごま油を加えます。

❹③を②にかけて、香菜をのせます。

ａ

上が過熱し、すがたつのをアルミホイルで防ぎます。液面の高さくらいのところでホイルの縁を切ります。

かんたん温泉卵

温度調節が難しい温泉卵もレンジで手軽に

調理時間 **3分**

1人分**100kcal**

材料（2人分）

卵……………………2個

水………………大さじ2

〈かけつゆ〉

だし……………大さじ2

しょうゆ………小さじ1

みりん…………小さじ$\frac{1}{2}$

＊市販のめんつゆ（濃縮タイプは薄める）を使っても。

❶卵を小鉢に割り入れ、それぞれ水大さじ1を入れます（a）。［ラップして 約1分］2個一緒に加熱します（1個なら約30秒加熱）。

❷かけつゆの材料を器に合わせ、［ラップなし 約30秒］加熱します。①にかけます。

a

卵をレンジで加熱すると破裂することがあります。小鉢に割り入れたら、水を加え、1個につき、30〜50秒程度の短時間加熱にします。

卵のココット

朝食にぴったりのスピードメニューです

材料（2人分）	
卵	**2個**
水	大さじ2
塩・こしょう	各少々
ベーコン	**2枚**
レタス	**2枚**
ミニトマト	**4個**

❶ココット型に卵を1個ずつ割り入れ、それぞれに水大さじ1ずつを入れます。

❷皿に1人分ずつ、①と、ベーコンを半分に折ってのせます(a)。ココット型にラップをして、ひと皿につき、1分10〜20秒 加熱します。

❸卵の水を捨て、塩、こしょうをふります。レタスとミニトマトを添えます。

卵をレンジで加熱すると破裂することがあります。ココット型に割り入れたら、水を加え、1個につき、30〜50秒程度の短時間加熱にします。

卵のすまし汁

とろりとしたすまし汁が、失敗なく作れます

調理時間**8分**

1人分**43kcal**

材料（2人分）

卵……………………………**1個**

A
- だし ………カップ$1\frac{1}{2}$
- 塩……………小さじ$\frac{1}{5}$
- うすくちしょうゆ…小さじ1

みつば ……………………**2本**

❶器にAを合わせ、卵をときほぐして混ぜます。アルミホイルをかぶせます（a）。 約5分 加熱し、アルミホイルをしたまま、5分ほどむらします。

❷みつばは2cm長さに切ります。①を椀によそい、みつばを散らします。

a

すがたつのを防ぐため、アルミホイルをかけ、液面の高さくらいのところでホイルを切ります。

調理時間10分

1人分83kcal

乾物のもどしもレンジでスピードアップ

切り干しだいこんの煮もの

材料（２人分）

切り干しだいこん……**20g**

油揚げ………………**½枚**

A
- だし………………50cc
- 砂糖…………小さじ½
- 酒………………小さじ2
- しょうゆ………小さじ2
- サラダ油………小さじ1

❶切り干しだいこんはさっと洗い、器に入れます。カップ½の水を加え、ラップで落としぶたをし（a）、さらにラップをして 約３分 加熱してもどします。

❷油揚げは熱湯で油抜きをし、縦半分に切ってから、細く切ります。

❸もどし汁が入ったままの①に、Aと油揚げを加えて混ぜ、再びラップの落としぶたをします。さらに器にラップをして 約４分 加熱します。20～30分おいて、味をなじませると、よりおいしくなります。

ラップで落としぶたをして、全体が水にひたるようにします。

ひじきと油揚げの煮もの

懐かしい味も手軽に

＊もどし時間除く
調理時間12分
1人分71kcal

材料（2人分）

芽ひじき……………10g
油揚げ………………½枚
にんじん……………20g

A
- しょうゆ……大さじ1
- 酒……………大さじ1
- みりん………大さじ2
- だし…………大さじ2
- サラダ油……大さじ½

❶ひじきは洗い、たっぷりの水に約20分つけて、もどします。水気をきります。

❷にんじんはせん切りにします。油揚げは熱湯で油抜きをし、縦半分に切ってから、細く切ります。

❸耐熱容器にAを合わせ、①②をよく混ぜます（a）。

❹ ラップして 約6分 加熱します。混ぜて盛ります。

加熱前と加熱後に、調味料と材料をよく混ぜて、まんべんなく味をつけます。

田作り

からいりする代わりにレンジで

調理時間5分
1人分59kcal

材料（2人分）

田作り（ごまめ）………20g

A
- 砂糖…………大さじ1
- 酒……………大さじ½
- しょうゆ……小さじ1

❶田作りを皿に広げ、[ラップなし 約1分]加熱します。

❷①にAを加え、よく混ぜます（a）。再び皿に広げ、[ラップなし 約1分]加熱します。

❸田作り同士がくっつかないよう、別皿に広げ、乾いてから盛ります。

＊アーモンド田作りの場合は、①でアーモンド10gと田作りを混ぜて、皿に広げ、ラップなしで約1分30秒加熱します。あとは同じように作ります（1人分89kcal）。

a

田作りに調味料をまんべんなく混ぜます。

ふりかけ

レンジの乾燥能力をフルに活用します

調理時間12分

1食分16kcal

材料（4食分）

- **だいこんの葉先（正味）…20g**
- けずりかつお…………5g
- しょうゆ………小さじ2
- **焼きのり ……………1/4枚**
- いりごま（白）……大さじ1

❶だいこんの葉は軸をとり、葉先だけを使います。洗って、水気をふき、ペーパータオルを敷いた皿の上に広げます（a）。

❷ ラップなし 約4分 加熱します。ペーパーをとりかえ、パリパリになるまで、さらに1分ずつ加熱していきます。手でもんで、細かくします。

❸器にけずりかつおとしょうゆを混ぜ、すぐに ラップなし 約1分 加熱します。混ぜて、さらに ラップなし 40〜50秒 加熱して、もんでパラパラにします。

❹のりを細かくちぎり、②③、ごまと混ぜます。

こんな材料でも

20gをペーパータオルの上にのせ、ラップなしで約4分加熱。

頭とはらわたを除いて、2つにさき、正味10gをラップなしで約4分強加熱。

10gをラップなしで約3分加熱。

10枚を軸をとって、ペーパータオルの上にのせ、ラップなしで約3分加熱。

赤飯

食べたいときに少量がすぐできます

＊つけおき時間除く
調理時間15分
1人分298kcal

材料（3人分）

もち米‥‥米用カップ1$\frac{1}{2}$（270cc）
赤飯用ゆであずき缶詰（正味）
‥‥‥‥‥‥‥‥‥‥‥‥**60g**
あずきの缶汁‥‥‥‥‥**適量**
ごま塩‥‥‥‥‥‥‥‥‥少々
＊あずきの代わりに、赤飯用のささげ豆（早煮タイプ）でも。

a

あとで混ぜやすいように、大きめの器に入れて加熱します。ラップは加熱すると縮んでとりはずしにくくなるので、ふんわりとかけておきます。

❶もち米は洗い、たっぷりの水に約1時間つけます。
❷缶汁と水を合わせ、180ccにします。
❸米をざるにあげます。あずき、②を大きめの耐熱容器に入れ、ふんわりとラップをして（a） 約6分 加熱します。底から大きく混ぜてラップをもどし、 約3分 加熱、もう1度混ぜて 約3分 加熱します。
❹ラップをしたまま1分ほどむらしてから、大きく混ぜ、ラップをはずして、さまします。

<乾物のあずきを使う場合>
❶あずき25gは洗い、たっぷりの水と鍋に入れ、強火にかけます。煮立ったらゆで汁を捨てます。
❷水300ccを加え、再び20〜30分弱火でゆでます。豆と汁に分けます。汁をおたまですくっては落とすことを数回くり返し、空気にふれさせて色をだします。

ごはん類
おこわ

うなぎおこわ

おもてなしにもなる一品

＊つけおき時間除く
調理時間15分
1人分431kcal

材料（3人分）	
もち米	…米用カップ$1\frac{1}{2}$（270cc）
うなぎのかば焼き	……………1串（100g）
A うなぎのたれ	……大さじ2
A 水	………………150cc
卵	……………………1個
B 砂糖	…………小さじ1
B 塩	……………………少々
しその葉（せん切り）	….5枚
焼きのり（細切り）	….. $\frac{1}{2}$枚

❶もち米は洗い、たっぷりの水に約1時間つけます。

❷うなぎは1cm幅に切ります。

❸器に卵をほぐして、Bを混ぜ、ラップして 50秒〜1分 加熱します。熱いうちに混ぜて、いり卵にします（a）。

❹米をざるにあげます。大きめの耐熱容器に米、A、②を混ぜて（b）、ふんわりとラップをして 約5分 加熱します。底から大きく混ぜてラップをもどし 約3分 加熱、もう1度混ぜて、約3分 加熱します。ラップをしたまま1分むらし、大きく混ぜます。のりといり卵、しそをのせます。

a

すぐにかたまるので熱いうちに混ぜます。泡立器なら手早い。

b

あとで混ぜやすいように、大きめの器に入れて加熱します。

山菜おこわ

おこわはかんたんで、さめてもおいしい

＊つけおき時間除く
調理時間15分
1人分278kcal

材料（3人分）	
もち米	**米用カップ$1\frac{1}{2}$(270cc)**
山菜(水煮)	**80g**
山菜のつけ汁	**適量**
酒	大さじ1
塩	小さじ$\frac{1}{3}$
しょうゆ	小さじ1

＊調味料が入っている山菜の水煮なら、調味料は加えません。

❶もち米は洗って、たっぷりの水に1時間以上つけます。ざるにあげます。

❷山菜のつけ汁、調味料と水を合わせて、180ccにします。

❸大きめの耐熱容器に米、山菜、②を入れ、軽く混ぜます（a）。

❹ふんわりとラップをして 約6分 加熱します。底から大きく混ぜて、ラップをもどし 約4分 加熱、もう1度混ぜて 約3分 加熱します。

❺ラップをしたまま1分むらし、大きく混ぜます。

a

あとで混ぜやすいように、大きめの器に入れて加熱します。

中国風おこわ

レンジのおこわは失敗がありません

＊つけおき時間除く
調理時間20分
1人分378kcal

材料（3人分）	
もち米	米用カップ$1\frac{1}{2}$（270cc）
干しえび	10g
干ししいたけ	2個
焼き豚	100g
ゆでたけのこ	60g
ぎんなん（水煮）	10個
A 酒	大さじ1
A オイスターソース	大さじ1
A みりん	大さじ$\frac{1}{2}$
A しょうゆ	大さじ$\frac{1}{2}$
A こしょう	少々

❶もち米は洗って、たっぷりの水に1時間以上つけます。ざるにあげます。

❷干しえび、干ししいたけは水に30分ほどつけてもどします。もどし汁と水を合わせ、150ccにします。

❸焼き豚、たけのこ、しいたけは1cm角に切ります。

❹大きめの耐熱容器に、干しえび、③、Aを合わせ、ラップして約1分加熱します。さらに②の汁ともち米を加え、よく混ぜます（a）。ふんわりとラップをして約6分加熱します。底から大きく混ぜてラップをもどし、約3分加熱します。最後にぎんなんを加えてもう1度混ぜ、約3分加熱します。

a

具に味をしっかりつけてから、米を入れて加熱します。

さけちらし

さけを酒蒸しにして、ごはんと合わせます

材料（2人分）

冷やごはん…………**400g**
塩さけ（中辛）
……………**1切れ（80g）**
酒……………小さじ$\frac{1}{2}$
しその葉……………**5枚**
いりごま（白）….大さじ1
〈すし酢〉
砂糖……………大さじ1
酢………………大さじ2
塩………………小さじ$\frac{1}{4}$

❶さけは酒をふり、皿にのせて（a）［ラップして 約1分30秒］加熱します。骨と皮を除いて、ほぐします。

❷しそは細切りにし、水に放して、水気をきります。

❸すし酢を合わせます。

❹器にごはんを入れ、［ラップして 約3分］加熱します（あたたかいごはんなら、加熱の必要はありません）。ごはんが熱いうちにすし酢を混ぜます。さけとごまを混ぜます。

❺しその葉は色が変わりやすいので、すしめしが少しさめてから、混ぜます。

a

さけ全体に酒をふって、酒蒸しに。

ドライカレー

残りごはんで手早くできます

調理時間15分
1人分570kcal

材料（2人分）

- **冷やごはん**…………400g
- **合びき肉**……………100g
- **たまねぎ**……………80g
- **ピーマン**……………1個
- **レーズン**……………30g
- バター………………15g
- A
  - トマトケチャップ…大さじ1
  - カレー粉….小さじ2～3
  - （あれば）ターメリック……………小さじ1/4
  - 塩……………小さじ2/3
  - こしょう…………少々

❶たまねぎはみじん切り、ピーマンは7～8㎜角に切ります。レーズンはぬるま湯につけ、2～3分おきます。

❷大きめの耐熱容器に合びき肉、①、Aを加え、よく混ぜます。バターをちぎってのせ（a）、［ラップなし 約3分］加熱します。さらによく混ぜます。

❸別の器にごはんを入れ［ラップして 約3分］加熱します（あたたかいごはんなら加熱の必要はありません）。

❹②にごはんを加えて、よく混ぜます。［ラップなし 約1分30秒］加熱します。

a

バターは均等に散らします。

ツナピラフ

常備の材料と残りごはんがあれば作れる

調理時間10分

1人分433kcal

材料（2人分）	
冷やごはん	**400g**
たまねぎ	**50g**
マッシュルーム（水煮缶詰・スライス）	**30g**
バター	20g
スープの素	小さじ$\frac{1}{2}$
ツナ缶（フレーク）	**小1缶（100g）**
塩	小さじ$\frac{1}{3}$
こしょう	少々
パセリのみじん切り	**少々**

❶たまねぎはみじん切り、マッシュルームは汁気をきります。大きめの耐熱容器に入れ、バター、スープの素を加えて、ラップなし 約2分 加熱します。

❷別の器にごはんを入れ ラップして 約3分 加熱します（あたたかいごはんなら加熱の必要はありません）。

❸ツナは軽く油をきり、ごはん、塩、こしょうと一緒に①に混ぜて（a）、ラップなし 約1分30秒 加熱します。皿に盛り、パセリをふります。

a

味がムラにならないように、
全体をよく混ぜます。

ひき肉カレー

手間のかかるカレーを容器1つで手軽に

調理時間15分

1人分692kcal

材料（2人分）

ごはん………………400g
豚ひき肉……………150g
たまねぎ……½個（100g）
にんにく………………1片
サラダ油………大さじ1

A
- 水………………150cc
- カレールウ………2人分
- トマトケチャップ…大さじ1
- 塩・こしょう…各少々
- （あれば）ガラムマサラ……………小さじ1

パセリのみじん切り…少々

❶たまねぎ、にんにくはみじん切りにし、大きめの耐熱容器に入れます。サラダ油を混ぜ、［ラップなし 約2分］加熱します。全体を混ぜます。

❷カレールウを細かくきざみます。①に、ひき肉、Aを混ぜ（a）、［ラップして 約4分］加熱します。よく混ぜます。ごはんにかけて、パセリを散らします。

a

肉がほぐれ、調味料がまんべんなく混ざるようにします。

ピリ辛中華丼

1人分でもおいしくできる

調理時間15分

1人分472kcal

材料（2人分）	
ごはん	**400g**
えび	**4尾（120g）**
いか	**80g**
はくさい	**200g**
きくらげ	**2〜3個**
ゆでたけのこ	**30g**
A 水	カップ1
A しょうゆ	大さじ$1\frac{1}{2}$
A スープの素	小さじ1
A 砂糖	小さじ1
A 塩	小さじ$\frac{1}{3}$
A 豆板醤《トーバンジャン》	小さじ$\frac{1}{4}$
A かたくり粉	大さじ2

❶きくらげは水でもどし、大きければ2cm角くらいに切ります。はくさいは軸を1cm幅3cm長さに切り、葉はざく切りにします。たけのこは薄切りにします。

❷えびは殻をはずし、縦半分に切って背わたをとります。いかは1cm幅3cm長さに切ります。

❸大きめの耐熱容器にAを合わせ、①②を加えて、混ぜます（a）。ラップして約5分 加熱し、混ぜて、さらに ラップして約2分 加熱します。よく混ぜて、ごはんにかけます。

a

かたくり粉がダマにならないように、加熱前後でよく混ぜます。

かんたん梅ぞうすい

食欲のないときに

調理時間10分

1人分157kcal

材料（1人分）

冷やごはん	**100g**
梅干し	**1個**
みつば	**2〜3本**
塩こんぶ	**大さじ1**
水	150cc

❶梅干しは種を除き、果肉を包丁でたたきます。みつばは茎を1cm長さに切り、葉はとりおきます。

❷茶碗にごはんを入れ、塩こんぶ、梅干し、みつばの茎をのせます。分量の水をそそぎます（a）。

ラップなし 約2分40秒 加熱します。みつばの葉を飾ります。

みつばの茎も一緒に加熱します。

洋風ミルクぞうすい

乳製品を加え、朝食にもぴったり

調理時間**10分**

1人分**303kcal**

材料（１人分）

冷やごはん…………**100g**
ハム……………………**1枚**
たまねぎ………………**20g**
A
- **牛乳**…………**カップ1/2**
- スープの素…小さじ1/2
- 塩・こしょう…各少々

ピザ用チーズ…………**15g**

❶たまねぎはみじん切りにし、ハムは細切りにします。

❷盛りつけ用の器にAを合わせます。ごはん、たまねぎを混ぜ、ハムとチーズをのせます。

❸［ラップなし 約３分］加熱します。

しいたけのリゾット

米と材料を混ぜて加熱するだけ。1人分が炊けます

調理時間20分

1人分608kcal

材料（1人分）	
米	**米用カップ$\frac{1}{2}$（90cc）**
A 熱湯	220cc
A スープの素	小さじ$\frac{1}{2}$
A オリーブ油	大さじ1
しいたけ	**3個**
ベーコン	**1枚**
B バター	15g
B パセリのみじん切り	**大さじ1**
B 塩・こしょう	各少々

❶しいたけは、軸は縦に薄切り、かさも薄切りにします。ベーコンは1cm幅に切ります。

❷米を洗い、水気をきります。深めのふたつき耐熱容器に米と①を入れ、Aを加え、ざっと混ぜます（a）。ふたをして 15〜16分 加熱します。

❸②が熱いうちに、Bを加えて、よく混ぜます。

a

ふきこぼれないように、深めの器に入れます。ふき上がってくるので、ふたつきのレンジ用容器を使います。

米から作る本格派

トマトのリゾット

調理時間**20分**

1人分**482kcal**

材料（1人分）

米……米用カップ$\frac{1}{2}$（90cc）

A
- 熱湯……………………170cc
- スープの素 ……小さじ$\frac{1}{2}$

トマト………$\frac{1}{2}$個（100g）

たまねぎ……………………40g

B
- バター……………………15g
- **粉チーズ……大さじ2$\frac{1}{2}$**
- 塩・こしょう ……各少々

❶トマトはへたをとり、1cm角に切ります。たまねぎはみじん切りにします。

❷米を洗い、水気をきります。深めのふたつき耐熱容器に米と①を入れ、Aを加え、ざっと混ぜます（a）。ふたをして 15〜16分 加熱します。

❸②が熱いうちに、Bを加えて、よく混ぜます。

a

ふきこぼれないように、深めの器に入れます。ふき上がってくるので、ふたつきのレンジ用容器を使います。

磯辺巻き　ベーコンもち

おもちがこげすぎる心配がありません

調理時間8分
1人分
磯辺120kcal
ベーコン163kcal

材料（2人分）

〈磯辺巻き〉

切りもち………**2個（100g）**

しょうゆ……小さじ1弱

焼きのり……………**1/4枚**

〈ベーコンもち〉

切りもち………**2個（100g）**

ベーコン……………**1枚**

かいわれだいこん

…………**1/4パック（10g）**

おぼろこんぶ…………**3g**

〈磯辺巻き〉❶しょうゆをもち全体にまぶし、2個一緒に皿にのせて（a）［ラップなし 約50秒］加熱します。裏返し［ラップなし 約30秒］加熱します（1個なら、ラップなしで約30秒＋約20秒加熱）。

❷のりを半分に切って、もちに巻きます。

〈ベーコンもち〉❶ベーコンは半分に切ります。もちにかいわれだいこんをのせ、ベーコンを巻いて、おぼろこんぶで巻きます。2個一緒に皿にのせます（b）。

❷［ラップして 約1分20秒］加熱します（1個ならラップをして約1分加熱）。

a

ラップなしで加熱し、焼いた感じに仕上げます。

b

加熱しすぎると形がくずれるので、ようすを見ながら加熱。

おもちを小さく切って食べやすく

かんたん雑煮（ぞうに）

調理時間 3 分

1人分158kcal

材料（1人分）	
切りもち	**1個(50g)**
A **とろろこんぶ**	**2g**
A けずりかつお	$\frac{1}{3}$パック(1g)
A しょうゆ	小さじ1
熱湯	150cc
天かす	**大さじ$\frac{1}{2}$**
万能ねぎ(小口切り)	**$\frac{1}{2}$本**

❶もちは1個を6つに切ります。器に入れ、かぶるくらいの水を加えて（a）［ラップして 約1分］加熱します。

❷椀にもちを入れ、Aを加えます。熱湯をそそぎ、天かす、万能ねぎを入れます。

a

もちは加熱しすぎると、形がくずれるので、ようすを見ながら加熱します。

ミートソース スパゲティ

手間のかかるミートソースがかんたんに

調理時間13分

1人分567kcal

材料（2人分）

スパゲティ…………160g
塩……………大さじ1
合びき肉……………100g
たまねぎ……$\frac{1}{4}$個(50g)
にんにく……………$\frac{1}{2}$片
オリーブ油……大さじ1
A トマトピューレ……100g
トマトケチャップ…大さじ1
スープの素…小さじ1
塩……………小さじ$\frac{1}{3}$
こしょう…………少々
バジル・オレガノ(乾燥)……………各少々
粉チーズ………**大さじ1**

❶たまねぎ、にんにくはみじん切りにし、オリーブ油と一緒に大きめの耐熱容器に入れて、［ラップなし 約3分］加熱します。

❷スパゲティは熱湯2ℓに塩を入れ、表示どおりにゆでます。

❸①にひき肉とAを入れ、よく混ぜて（a）［ラップして 約5分］加熱します。よく混ぜます。

❹ゆでたてのスパゲティに③をのせ、粉チーズをふります。

a

味にムラができないように、材料と調味料をよく混ぜます。

調理時間20分
1人分410kcal

パスタをゆでている間にソースができる

あさりとしいたけのスパゲティ

材料（２人分）	
スパゲティ	**160g**
塩	大さじ１
あさり（砂抜きしたもの）	**300g**
白ワイン	大さじ１
しいたけ	**5個**
にんにく	**1片**
バジル	**6枚**
オリーブ油	大さじ１
塩・こしょう	各少々

❶あさりは殻をこすり合わせてよく洗います。大きめの耐熱容器に入れて、白ワインをかけます。

❷しいたけは薄切りに、にんにくはみじん切りにします。①に加え、オリーブ油を加えて混ぜます（ａ）。

❸スパゲティは熱湯2ℓに塩を入れ、表示どおりにゆでます。

❹②を［ラップなし 約５分］加熱します（口の開かないあさりがあれば、別皿にのせてラップなしで約１分加熱）。

❺バジルは飾り用の２枚を残し、細切りにします。

❻ゆでたてのスパゲティを④に入れて、細切りのバジルを加えます。塩、こしょうで味をととのえます。皿に盛り、バジルを飾ります。

a

あとからスパゲティをあえるので、大きめの器にします。

ジャージャーめん

肉みそをレンジで。かたづけもラク

調理時間**13分**

1人分**635kcal**

材料（2人分）

中華めん（生）……**240g**
ねぎ…………………**10cm**
きゅうり……………**1/2本**
〈肉みそ〉
豚ひき肉……………**150g**
ねぎ…………………**10cm**
しょうが……**1かけ（10g）**
A
- 赤みそ…大さじ1 1/2（約30g）
- 水……………大さじ2
- ごま油………大さじ1/2
- 甜麺醤《テンメンジャン》………大さじ1
- 砂糖…………小さじ1
- かたくり粉……小さじ1
- 豆板醤《トーバンジャン》………小さじ1/2

❶肉みそのねぎとしょうがはみじん切りにします。

❷大きめの耐熱容器にひき肉、①、Aを入れて、よく混ぜます（a）。 ラップして 約5分 加熱します。よく混ぜます。

❸ねぎときゅうりは、5cm長さのせん切りにします。

❹めんをたっぷりの熱湯でゆでます。皿に盛り、肉みそをかけて、③を添えます。

a 味にムラができないように、材料と調味料をよく混ぜます。

マグカップで作れる手軽なスープ

コーンスープ

調理時間**5分**

1人分**178kcal**

材料（２人分）

コーン缶詰（クリームスタイル）
……………小1缶（230g）
牛乳 ……………カップ１
小麦粉…………小さじ１
塩・こしょう……各少々
スープの素……小さじ$\frac{1}{4}$

❶材料を全部合わせます。マグカップ２個にそそぎます。

❷ ラップして 約3分30秒 ２個一緒に加熱します（1個なら、ラップして約2分加熱）。よく混ぜます。

ふきこぼれやすいので、深さのあるカップにします。

野菜とベーコンのスープ

鍋を使わずに作れる即席ヘルシースープ

調理時間10分

1人分61kcal

材料（2人分）

- **キャベツ**……………… **40g**
- **かぶ**……………………… **$\frac{1}{2}$個**
- **トマト** ………**小$\frac{1}{2}$個（80g）**
- **ベーコン** ………………**1枚**
- A
  - 水 …………………340cc
  - スープの素……小さじ1
  - こしょう…………少々

❶キャベツ、ベーコンは1㎝角に切ります。かぶも1㎝角の薄切りに、トマトは種をとって、1㎝角に切ります（トマトは気になるようなら、皮をむきます）。

❷Aと①を器に入れます（a）。ラップして約6分 加熱します。

a 材料を同じ大きさにそろえると火の通りが均一になります。

おはぎ
少量作るのに便利です

＊つけおき時間除く
調理時間25分
1個分149kcal

材料（8個分）
- もち米…米用カップ1 (180cc)
- 水……………180cc
- 塩……………小さじ1/8
- つぶあん…………250g
- きなこ…………大さじ2

a　カップ1程度の少量のもち米は、レンジ加熱が手軽です。

❶もち米は洗い、たっぷりの水に1時間以上つけます。
❷米をざるにあげます。大きめの耐熱容器に米、水、塩を入れ（a）、ふんわりとラップをして 約5分 加熱します。底から大きく混ぜてラップをもどし、 約3分 加熱、もう1度混ぜて 約3分 加熱します。ラップをしたまま1分ほどむらします。
❸すりこぎに水をつけ、ごはんの粒が半分残る程度につぶします。8個に丸めます。
❹つぶあん150gを4個に丸めます。ラップの上にあんを平たい円形に広げます。ごはんをのせてラップで包むようにしながら、あんをかぶせます。4個作ります。
❺残りのつぶあんを4個に丸めます。ごはんをラップの上に平らに広げ、あんを包みます。4個作り、きなこをまぶします。

蒸しパン3種

レンジでもふんわり仕上がる

調理時間**各8分**

1個分

かぼちゃ**185kcal**

コーヒー**204kcal**

抹茶**215kcal**

材料（各４個分）

〈かぼちゃ〉

かぼちゃ ……………… **90ｇ**

ホットケーキミックス…… **100ｇ**

牛乳…………………… **90cc**

サラダ油…………大さじ２

紙ケース（直径約7㎝）……４個

a

加熱すると、ラップが縮み、蒸しパンがつぶれるので、深い湯のみがよいでしょう。

〈**かぼちゃ**〉❶かぼちゃは皿にのせ［ラップして 約２分］加熱します。１～２㎝角に切ります。

❷牛乳と油を泡立器で合わせ、ホットケーキミックスを混ぜます。かぼちゃを加えます。

❸湯のみ４個に紙ケースを敷き、②の生地を入れ、ラップをします（a）。［2分～2分20秒］加熱し、とり出します。

〈**コーヒー**〉❶くるみ20ｇはオーブントースターで６～７分加熱します。あらくきざみます。❷牛乳90ccにインスタントコーヒー小さじ２を溶かし、サラダ油大さじ２、ホットケーキミックス100ｇ、くるみを順に混ぜます。以下、かぼちゃの③と同様です。

〈**抹茶**〉❶ホットケーキミックス100ｇと抹茶小さじ１を混ぜ合わせます。❷牛乳90ccとサラダ油大さじ２を合わせ、①、甘なっとう40ｇを混ぜます。以下、かぼちゃの③と同様です。

クレープ
薄くできて、こげる心配がない

*ねかし時間は除く
調理時間15分
1枚分67kcal

材料（10枚分）
- 卵　　　　　　　2個
- 砂糖　　　　　　10g
- 薄力粉　　　　　70g
- 牛乳　　　　　カップ1/2
- バター　　　　　20g

❶バターは耐熱容器に入れ、[ラップなし 約30秒]加熱して、溶かします。

❷卵をときほぐし、砂糖、薄力粉を混ぜます。牛乳を少しずつ入れて、混ぜます。バターを混ぜ、生地を30分ほどねかせます。

❸高さのある皿にラップをピンとはり、②の生地大さじ2を薄く丸くのばします。直径約15cmです（a）。[ラップなし 約1分]加熱し、はがします（b）。10枚作ります。

＊カスタードクリームや、泡立てた生クリーム、くだもの、ジャムなど添えて、一緒にいただきます。

a　スプーンの裏でなでて、厚みを均一に広げます。

b　表面にしわがよりますが、内側にしてたためばだいじょうぶ。

くだもののソース3種

余ったくだもので手軽に作れます

調理時間 **各10分**

1食分
いちご**66kcal**
りんご**60kcal**
キウイ**60kcal**

材料（各４食分）

〈いちご〉

いちご………………200g

砂糖……………………50g

レモン汁……………大さじ½

〈りんご〉

りんご………1個（200g）

砂糖……………………40g

レモン汁………小さじ１

〈キウイフルーツ〉

キウイフルーツ ……2個（200g）

砂糖……………………50g

〈いちご〉 ❶いちごはへたをとり、大きめの耐熱容器に入れて、砂糖、レモン汁を混ぜます（a）。

❷ ラップなし 約６分 加熱し、混ぜます。

〈りんご〉 ❶りんごは皮をむき、すりおろして、大きめの耐熱容器に入れます。砂糖、レモン汁を混ぜます。

❷ ラップなし 約５分 加熱し、混ぜます。

〈キウイフルーツ〉 ❶キウイは皮をむき、5㎜厚さのいちょう切りにします。大きめの耐熱容器に入れ、砂糖を混ぜます。

❷ ラップなし 約６分 加熱し、混ぜます。

＊それぞれ、冷蔵庫で1週間ほどもちます。

a

砂糖が多く、高温になるため、耐熱容器を使います。加熱中、ふき上がってくるので、深めの容器を用意します。

電子レンジでの

温め方のコツ

冷やごはん

茶碗に入れ、かたまりはほぐします。ラップかふたをして、1ぜん(150g)で1分～1分30秒加熱。パサついたごはんなら、水を少しふってからラップかふたをします。ベタついているならラップなしで加熱します。さめると味が落ちるので、食べる直前に加熱をします。

冷凍ごはん

ラップをしたまま皿にのせ、1ぜん分(150g)で2分～2分30秒加熱。茶碗に入れて、ほぐします。

ごはんの冷凍の仕方
ごはんを温かいまま、1食分ずつ、なるべく薄くしてラップで包み、さめたら冷凍庫に入れます。

ピラフ チャーハン

油を使ったごはんは、ラップやふたをしないで加熱します。1人分(250g)で約2分加熱。冷凍なら約4分加熱し、途中で混ぜます。焼きそばや、油分がからまったスパゲティもラップなしで同様に。

もち

切りもち1個(50g)を深めの器に入れ、もちがかぶるくらいの水を加えて、ラップかふたをします。ようすをみながら、約1分加熱。つきたてのもちのように、やわらかくなります。湯を捨てて、きなこもちや、力うどん用に。

かけすぎると、ふくれてこんな状態に。

飲みもの

みそ汁、牛乳、コーヒーなどは、カップ1杯(150cc)で約1分30秒加熱がめやす。ふきこぼれないよう、カップの7〜8分目にします。1人分なら短時間なので、ラップはいりません。みそ汁は、漆椀ではなくレンジ加熱できる器に入れます。1人分の湯をわかし、飲みものを作るときにも使えます。

おかん

おちょうし1本(180cc)で1分強加熱がめやす。細い口の部分にアルミホイルをかぶせると、熱くならず持ちやすくなります。

しゅうまい

皮がかたくならないよう、水をふってから、ふんわりとラップをし、加熱します。小5〜6個(100g)で約1分、冷凍なら約2分加熱します。しゅうまいの下にキャベツやはくさいを敷いて加熱すると、しゅうまいの底が水っぽくなりません。野菜も食べられます。

パン

パンはあまりレンジ加熱に向きませんが、ペーパータオルに包み、ごく短時間加熱するとふっくら仕上がります。ロールパン1個でターンテーブル1回転(約10秒)がめやす。冷凍なら約30秒。さめるとかたくなるので食べる直前に加熱します。また、かけすぎるとカチカチになるので注意します。

中華まんじゅう

平らな皿だと、加熱後ラップに押されて中華まんじゅうがつぶれることがあります。深さのある器に入れ、水をふりかけて、ふんわりとラップをします。1個(80g)で約50秒加熱します。冷凍品も同様にし、あんまんは約1分、肉まんは約1分強加熱します。

電子レンジでの
解凍のコツ

冷凍素材の解凍

冷凍の肉や魚は、中心がまだ凍っている半解凍の状態にするのがコツです。レンジで完全に解凍しようとすると、端だけが白く煮えてしまいがちだからです。あとは自然に解凍して、調理に使います。加熱のめやすは、「解凍」または「弱」キーで、薄切り肉100gで1分〜1分30秒。ようすを見ながら加熱しましょう。さしみのさくの場合も同様に解凍して、半解凍のまま包丁で切ります。

ほんの少し加熱しすぎるだけで、端が白く煮えてしまいます。このあと、いためたり、煮たりする場合は、かたくなった部分を除いて調理します。

電子レンジでの
温め方のコツ

煮もの 蒸しもの

しっとりと温めたい料理は、ラップかふたをします。パサついていたら、水や酒をたします。カレーやシチューなど汁気の多いものは、ふきこぼれないように深めの容器に入れて加熱します。加熱の途中で全体を混ぜ、熱の通りを均一にします。カレー1人分200gで1分30秒〜2分加熱。

焼きもの いためもの

カラリと温めたい料理は、ラップやふたはいりません。焼き魚は1尾（100g）で約1分加熱します。

揚げもの

カリッと温めたい料理は、レンジよりオーブントースターのほうが向いています。レンジで温めたいなら、皿にペーパータオルかレンジ用ペーパーを敷き、その上に揚げものをのせて、ラップなしで加熱します。

電子レンジの
便利な使い方
＜下ごしらえに＞

干ししいたけをもどす

急ぐときは、電子レンジ加熱で。軸を除いて容器に入れ、かぶるくらいの水を加えます。ラップか小皿で浮かないようにし、2〜3個で1分30秒〜2分加熱します。

ベーコンの脂をとる

皿にペーパータオルを敷き、ベーコンを広げ、上にもペーパーをかけます。ベーコン2枚で約2〜3分、ラップなしで加熱。切ってから脂をとる場合も、重ならないように広げます。

ゼラチンを溶かす

水大さじ$2\frac{1}{2}$に粉ゼラチン大さじ1（8g）をふり入れ、10〜15分おいたあと、ふたなしで約10秒加熱します。沸とうするとゼラチンの固まる力が弱まるので、ようすを見ながら加熱します。

バターをやわらかくする

バター15gを、パンに塗りやすいくらいやわらかくするなら、ラップなしで約10秒加熱、溶かすなら約30秒加熱します。

同じように、チョコレート30gも約1分20秒で溶かせます。

とうふの水きり

とうふ1丁（300g）をペーパータオル2枚で包み、皿にのせて約2分加熱。水を捨てて、すぐ調理にとりかかれます。

半生《はんなま》料理の追加加熱

ハンバーグを食べようとしたら、中心が生だったというようなときは、ラップなしでレンジ加熱します。とりのから揚げなども同様ですが、揚げものはカラリとは仕上がりません。

常備菜の火入れ

作りおきの料理をおべんとうに入れるときや、常備菜を食べる前に、レンジで加熱すると衛生的。

ミックスベジタブルのつけ合わせ

凍ったままのミックスベジタブル100gにバター15gを小分けしてのせ、ラップして約2分30秒加熱。

電子レンジの 便利な使い方 ＜調理・半調理＞

みりん酒を煮きる

少量のみりんや酒のアルコール分をとばすのに便利です。大さじ1で20〜30秒、ふたなしで加熱。

いためたまねぎを作る

火口につきっきりでいためる手間がはぶけます。たまねぎ½個（100g）をみじん切りにして皿に広げ、サラダ油大さじ1を混ぜるか、バター15gをちぎってのせます。ラップなしで約3分加熱。ハンバーグの中身やスープのベースとして重宝します。

具野菜の下ゆで

汁などの具野菜をあらかじめレンジで加熱しておくと、煮る時間を短縮できます。天ぷら、鉄板焼き、鍋に入れる野菜の下ゆでにも。

電子レンジの
便利な使い方
＜少量作る＞

天つゆ・だしを作る

天つゆは器に、みりん・しょうゆ各大さじ2、水150cc、けずりかつお4gを合わせ、ふたなしで約3分加熱して、こします（2人分）。

少量のだしは、水にけずりかつお適量を入れ、ふたなしで沸とうする程度に加熱して、こします。

カラメルソースを作る

砂糖25gに水小さじ½を混ぜ、ラップなしで約2分強加熱。薄い茶色になったら、すぐにとり出して、水小さじ2を混ぜます。非常に高温になり、水を加えたときの温度差も大きいので、オーブン用陶磁器で作ります。熱いので器の出し入れに充分気をつけましょう。

クルトン トッピングを作る

＜スープの浮き身・クルトンに＞食パン（12枚切り）½枚を5㎜角に切ります。バター10gを器に入れ、レンジに約30秒かけて溶かします。パンを混ぜて、ラップなしで約2分加熱します。

＜サラダのトッピングに＞クルトンのパンと同様に、パン粉大さじ2とバター5gを混ぜてラップなしで約2分加熱します。また、にんにくのスライス1片分（10g）にサラダ油小さじ1を混ぜ、ラップなしで2分20秒〜30秒加熱しても。

バターライスを作る

冷やごはん150gにバター10gを小分けしてのせます。ラップなしで約1分30秒加熱し、混ぜます。

電子レンジの

便利な使い方

＜いろいろ＞

とうもろこしをゆでる

1本（300g）を洗い、水気がついたまま、ラップで包んで、4～5分加熱。途中で上下を返します。

果汁をしぼりやすく

オレンジやレモンを、1個につき約30秒加熱すると、果汁がしぼりやすくなります。

ポップコーンを作る

大きめの耐熱容器にバター15gを入れ、ラップなしで約30秒加熱して、溶かします。ポップコーン用コーン30gを加えてバターをからめ、ふたをして4～5分加熱。ふくらんだコーンをとり出し、残りを約1分ずつかけたしていきます。

じゃがいもをゆでる

皮つきの丸ごとを洗って、ぬれたままで皿にのせます。1個（150g）で約4分加熱。竹串がスッと通ればゆであがりです。切ったじゃがいもは、ラップをかけて加熱します（1個分で約3分）。ゆでるよりも、形くずれしにくく、仕上がりがきれいです。

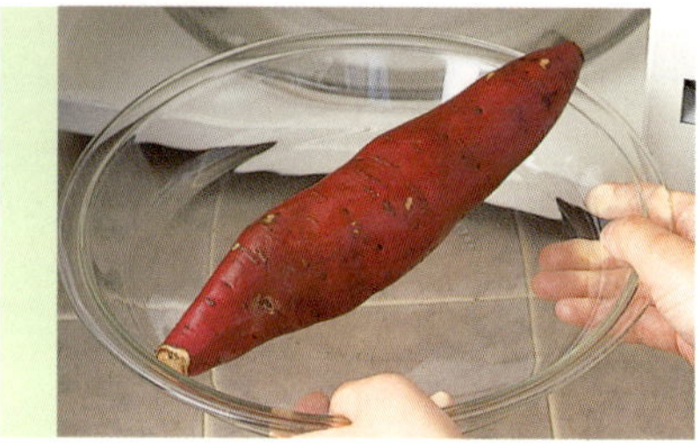

さつまいもも同様にできます。1本（200g）で約5分加熱。

枝豆をゆでる

洗ったら塩もみして、もう1度洗います。水気がついたまま皿に広げ、ラップをして、100gで2分30秒～3分加熱。

しけた食品を乾かす

しけたお菓子やごま、煮干し、けずりかつおなどを乾燥させるのに便利。皿に広げ、ようすをみながら、ラップなしで短時間ずつかけたして、加熱します。

皿を温める

温かい料理を盛るなら、皿も温めておきたい。さっと水でぬらし、30秒〜1分加熱します。

おしぼりを温める

水でぬらしてしぼったおしぼりを、そのまま入れて加熱。30〜40秒で温まります。寝ぐせ直しの蒸しタオルなら、約1分で熱々に。庫内のにおいが気になるなら、ぬらしたままでポリ袋に入れて加熱します。

はちみつをやわらかく

はちみつが固まってしまったら、大さじ2で10〜30秒加熱します。

パセリを乾燥させる

残りもののパセリを活用できます。パセリ5gを1房ずつに分け、ペーパータオルにのせて、約3分加熱。パリパリの状態になったら、指でもんで、シチューやパスタの飾りに。このまま保存できます。ハーブも同様に乾燥させることができます。

ぎんなんをゆでる

肉たたきなどでたたくか、ペンチなどではさんで殻にひびを入れ、はじけないようにします。10粒で40〜50秒、ラップなしで加熱。

ベターホームのお料理ブック　（詳しいカタログをご請求ください）

＊価格税込（5％）

実用料理シリーズ（A5判）
キッチンで使いやすい大きさ、じょうぶで汚れにくいカバー

No.	書名	内容	ページ	価格
1	かあさんの味	四季の素材をいかした和風おそうざいとおせちが172品	144ページ	1050円
2	家庭料理	家庭でよく作られている、和洋中人気のおかず152品	144ページ	1050円
3	おもてなし料理	行事やおもてなしに向く、豪華なごちそう106品	144ページ	1050円
4	お菓子の基本	スポンジケーキからチョコレートまで家庭で作れる洋菓子65品	160ページ	1575円
5	手づくりパン	バターロールから本格的パンまで46品。基本を詳しく解説	144ページ	1575円
6	お料理一年生	お料理以前の基礎から写真でわかりやすく説明	192ページ	1470円
7	お料理二年生	定番の家庭料理が絶対おいしく作れるコツをプロセス写真で	192ページ	1470円
8	手づくり食品	ジャム、そば、梅干し、みそなど楽しく手づくり69品	160ページ	1260円
9	スピード料理	手早く作れておいしい料理200品と、手早く作るコツ	160ページ	1260円
10	きょうのお弁当	毎日作れるかんたんお弁当71メニュー。おかず245品	160ページ	1260円
11	野菜料理	50音でひける野菜別、おいしくヘルシーな料理308品	192ページ	1470円
12	電子レンジ料理	電子レンジで作れる、かんたんでスピーディな料理158品	160ページ	1260円
13	おとなの和食	四季の素材をおいしく味わう献立集。カロリー・塩分控えめ	160ページ	1470円
14	ダイエットのひと皿	健康的にやせられる低カロリーのおかず150品	144ページ	1050円
15	ひとり分の料理	ひとり暮らし、単身赴任の方に、栄養満点かんたん100献立	144ページ	1050円
16	パーティ料理	ホームパーティ・おもてなしに。気のきいた献立と料理135品	160ページ	1260円
17	お魚料理	50音でひける魚介類98種の料理250品と、扱い方のコツ	192ページ	1470円
18	きょうの献立	月ごとの献立100例、料理417品。毎日の悩みを解消します	224ページ	1575円
19	お肉料理	かんたん、ボリューム、経済的な料理187品を肉ごとに紹介	160ページ	1260円
20	お米料理	おいしいごはんの炊き方と、丼、すし、ピラフなど200品	160ページ	1260円
	食品成分表	日ごろ食べる量の栄養成分がひと目でわかります	320ページ	1050円

おかずの本（B5判）
毎日の食事に、すぐ役立つ

書名	内容	ページ	価格
お気に入りおかず	超かんたんで経済的なベターホームの先生たち自慢のレシピ集	96ページ	1260円
体にいいおかず	体調が悪い、風邪ぎみ…ちょっと気になるときの料理194品	96ページ	1260円
作りおきのおかず	さめてもおいしい、まとめづくり等、便利なおかず157品	96ページ	1260円
すぐできるおかず	20分以内、ひと鍋で作れるおかず等約150品。共働き主婦必携	96ページ	1260円
和食の基本	和食の定番88品。詳しいプロセス写真と俳句調のコツでよくわかる	128ページ	1470円
20分で2品おかず	手順どおりに作れば、主菜と副菜が20分以内で同時に完成！	96ページ	1260円
ムダなしかんたんおかず	冷蔵庫の残り野菜や調味料を利用した料理276品	96ページ	1260円
春夏のかんたんおかず	20分以内に作れる手間のかからない料理157品	96ページ	1260円
秋冬のかんたんおかず	主菜、副菜、鍋料理。季節に食べたい味がすぐできる。148品	96ページ	1260円
おいしい おもてなし	前菜、メイン、サブの料理、ごはんと軽食など役立つ100品と献立例	96ページ	1260円
料理できれいになる	美肌・若さのためのレシピ100。しわ、しみ、老化が気になる人に	96ページ	1260円

お菓子とパン
詳しい写真説明

書名	内容	ページ	価格
かんたんおやつ	プリン、ドーナツ、ホットケーキ、大学いも…家庭のおやつ53品	96ページ	1260円
すぐできるお菓子	マドレーヌやクレープ、ハーブクッキー…手軽なお菓子68品	96ページ	1575円
焼くだけのお菓子	材料を混ぜてオーブンで焼くだけ。素朴でおいしい43品	96ページ	1575円
冷たいお菓子	ゼリー、プリン、レアチーズケーキ、杏仁豆腐など57品	96ページ	1575円
私が作る和菓子	草もち、水ようかん、月見だんごなど四季折々の和菓子77品	96ページ	1575円

お買い求め方法

＊大手書店、ベターホームのお料理教室で直接お求めいただけます。また、全国の書店からお取り寄せできます。当社からお届けする場合は、2冊以上は送料無料でお届けします（1冊は送料100円）。
＊ベターホームの各種カタログ「本や道具、食材のカタログ」「お料理教室のご案内」などを差し上げます。お気軽にご連絡ください。ホームページでもご案内しています。http://www.betterhome.jp

この本の特長

汚れを落とせる
かたい表紙はPP加工。
汚れても、らくに拭きとれます。

きちんと開く
本をあけたらギュッとしごく。
厚い表紙の重さで閉じません。

編集　財団法人ベターホーム協会
発行　ベターホーム出版局
〒150-8363　東京都渋谷区渋谷1-15-12
TEL 03（3407）4871　FAX 03（3407）1044
発行日　初版2000年9月1日　6刷2004年8月1日

ベターホームの
電子レンジ料理